Das Haus der kleinen Forscher

Spannende Experimente zum
Selbermachen

von Joachim Hecker

Mit Illustrationen von
Sybille Hein

Rowohlt · Berlin

Gewidmet meiner Tochter Karla und allen Kindern, die wie sie so viel Spaß an Neuem haben, neugierig sind und stets mehr wissen wollen! Ein herzlicher Dank geht an meine Frau Lisa Moorwessel für ihre liebevolle Unterstützung und ihre Begeisterung bei der Entstehung dieses Buches.

Joachim Hecker

Für meinen Papa, der es nicht für möglich gehalten hätte, dass ich den Doppler-Effekt jemals verstehen würde.

Sybille Hein

1. Auflage September 2007
Copyright © 2007 by Rowohlt · Berlin Verlag GmbH, Berlin
Alle Rechte vorbehalten
Lektorat Julia Kühn
Fachlektorat Dr. Stephan Gühmann und Dipl.-Ing. Katrin Weber
Umschlaggestaltung any.way, Walter Hellmann
Umschlagabbildung © Sybille Hein
Layout Joachim Düster
Satz aus der Quadraat und News Gothic bei
KCS GmbH, Buchholz bei Hamburg
Druck und Bindung Clausen & Bosse, Leck
Printed in Germany
ISBN 978 3 87134 598 2

Inhalt

Grußwort von Bundesbildungsministerin Annette Schavan 7

Vorwort der Initiative «Haus der kleinen Forscher e. V.» 8

Abenteuer mit den kleinen Forschern 13

Das verschwundene Perpetuum mobile 17

Ein Elefant mit Zahnschmerzen 22

Zum Kugeln 26

Psst, streng geheim! 30

Ab ins Weltall 35

Der falsche Höhlenbär 39

Geheimnisvolle Höhlenzeichnungen 44

Das Geheuer von Loch Nass 48

Das Haus geht in die Luft 54

Ein Schlitten für den Bären 59

Ein liebestoller Drache 64

Der Drache wird kuriert 69

Drachenspiele 75

Erste Hilfe 80

Ritterspiele 84

Ein zünftiger Wettstreit 89

Der Schatz im See 93

Das Haus hat Fußweh 97

Ein Notruf mit dem Luftballon 102

Die völlig verrückte Quiz- und Rateshow 107

Der Fernsehmoderator nimmt Reißaus 112

Das Geheimnis der Tulpenblätter 117

Der Walfisch auf dem Trockenen   122

Ach, du dickes Ei!   128

Brüten will gelernt sein   133

Abschied von den Drachen   137

Achtung, Dammbruch!   142

Schwarze Magie   148

Lebende Pappkartons   153

Eiskalte Sprengung   158

Rettet das Geheuer   162

Ein Wetterfühler für Berleburg   166

Verlaufen!   170

Ankunft der fliegenden Kaffeetasse   175

Mit Haferschleim ins Weltall   180

Ein Sonnenuntergang für die Außerirdischen   185

Bittere Medizin   190

Silvesterparty mit viel Wirbel   194

Stichwortverzeichnis   198

Über Autor und Illustratorin   204

Belohnung für kleine Forscher   206

Grußwort

Liebe Leserinnen und Leser,

wir müssen alles daransetzen, die Neugier unserer Kinder zu fördern und ihren Bildungshunger zu stillen. Dabei ist die Zeit vor der Schule mindestens so wichtig wie die Schule selbst. Eine moderne Kita versteht sich als Einrichtung, die nicht nur einen Betreuungsauftrag hat, sondern auch einen Bildungs- und Erziehungsauftrag.

Dazu gehört ausdrücklich auch die Beschäftigung mit Naturwissenschaften und Technik. Ich bin daher sehr froh, dass vier große Partner aus Wissenschaft und Wirtschaft – die Helmholtz-Gemeinschaft Deutscher Forschungszentren, McKinsey, Siemens und die Dietmar-Hopp-Stiftung – gemeinsam die Initiative «Haus der kleinen Forscher» ins Leben gerufen haben. Mit dem ehrgeizigen Ziel, Kinder in allen deutschen Kitas spielerisch anzuregen, sich mit Naturwissenschaften und Technik zu beschäftigen. Damit wird gleichzeitig die frühkindliche Bildung insgesamt gestärkt.

Dieses Buch ergänzt die Aktivitäten der Initiative «Haus der kleinen Forscher» in hervorragender Weise – es bietet insbesondere Anregungen für Eltern, auch zu Hause gemeinsam mit ihren Kindern Naturwissenschaft und Technik zu erleben.

Ich wünsche allen großen und kleinen Forscherinnen und Forschern viel Spaß beim Lesen und natürlich auch beim Experimentieren.

Dr. Annette Schavan
Bundesministerin für Bildung und Forschung

Vorwort

Liebe Eltern,

die Kinder Karla, Luisa, Vincent und die Katze Berleburg wohnen im Haus der kleinen Forscher. Nachts werden sie vom wehklagenden Schnaufen eines Elefanten mit Zahnschmerzen geweckt. Sie schaffen es, das Rüsseltier von seinen Schmerzen zu befreien und erklären mit einem Experiment, warum überhaupt Löcher in den Zähnen entstehen.

Kinder sind neugierig und wissensdurstig. Sie wollen die Welt um sich herum erfahren und begreifen. Der Wissenschaftsjournalist und Vater Joachim Hecker hat sich deshalb für dieses Buch die Geschichte vom zahnkranken Elefanten und viele andere ausgedacht. Diese sollen Sie und Ihre Kinder mitnehmen auf eine erkenntnis- und erlebnisreiche Entdeckungsreise durch Natur und Technik. Jede der geschilderten Geschichten behandelt ein bestimmtes Phänomen und mündet in ein dazugehöriges Experiment, das mit einfachen Mitteln durchzuführen ist und physikalische, chemische, biologische oder auch technische Zusammenhänge verdeutlicht.

Dieses Buch möchte Ihnen mit seinen Geschichten und Experimenten helfen, Ihre Kinder auf spielerische Art für Naturwissenschaft und Technik zu begeistern. Die vielfältigen Experimente geben Ihnen Anregungen, wie Sie gemeinsam mit Ihren Kindern das «Warum?» und «Wie?» hinter vielen Naturphänomenen ergründen können.

Ermöglicht hat dieses Vorlese- und Experimentierbuch das «Haus der kleinen Forscher». Diese Initiative hat es sich zur Aufgabe gemacht, die Auseinandersetzung mit Natur und Technik in allen Vorschuleinrichtungen Deutschlands zu fördern: Erzieherinnen und Erzieher werden dabei unterstützt, diese frühe Begegnung mit Natur und Technik als eines der von den Bildungsplänen der Bundesländer vorgesehenen Themenfelder spielerisch in den Kindergartenalltag einfließen zu lassen.

Die Initiative «Haus der kleinen Forscher» wird getragen von der Helmholtz-Gemeinschaft Deutscher Forschungszentren, der internationalen Unternehmensberatung McKinsey & Company, der Siemens AG sowie der Dietmar-Hopp-Stiftung. Schirmherrin ist die Bundesministerin für Bildung und Forschung, Dr. Annette Schavan. Ziel der Initiative ist es, die frühkindliche Bildung gerade im Bereich Naturwissenschaften und Technik zu stärken – oder einfacher gesagt: Wir möchten Ihre Kinder dafür begeistern, selbst kleine Forscherinnen und Forscher zu werden.

Zu diesem Zweck entwickelt die Initiative naturwissenschaftlich-technische Experimente und Projekte, die Erzieherinnen und Erzieher in Kitas, Kindergärten und sonstigen Vorschuleinrichtungen durchführen können. Die Experimente sind – wie auch die in diesem Buch vorgeschlagenen Versuche – ganz einfach aufgebaut und erfordern nur wenige Alltagsgegenstände, die in jedem Haushalt vorhanden sind. Die Versuche verdeutlichen den Kindern Zusammenhänge aus Natur und Technik und regen sie an, ihre Welt noch aufmerksamer und bewusster zu beobachten. Selbstverständlich stehen der Spaß und die Begeisterung der Kinder dabei im Vordergrund. Denn wenn Lernen Spaß macht, sind die Resultate am besten.

Gemeinsam zu experimentieren und das Erlebte anschließend zu besprechen und zu reflektieren, motiviert die Mädchen und Jungen auf vielfache Weise: Die Kinder lernen, in kleinen Gruppen einfache Versuche durchzuführen, ihre Beobachtungen zu formulieren, aufeinander einzugehen und Rücksicht zu nehmen. Das «Haus der kleinen Forscher» bringt den Kindern somit auf spielerische Art bei, wie Natur und Technik funktionieren – und stärkt daneben Lern-, Sozial- und Sprachkompetenz sowie motorische Fähigkeiten.

Das Ganze funktioniert natürlich nur, wenn die Erzieherinnen und

Erzieher selbst Spaß an Naturwissenschaften und Technik und vor allem am Experimentieren haben. Ebenso wichtig ist das Wissen, wie die Beschäftigung mit Naturphänomenen im frühkindlichen Bereich vermittelt werden kann. Daher hat das «Haus der kleinen Forscher» Fortbildungen für Erzieherinnen und Erzieher entwickelt. In Workshops probieren diese die Experimente selber aus, bekommen naturwissenschaftliche und technische Hintergründe erklärt und erhalten Tipps, wie sie die Phänomene am besten pädagogisch-didaktisch vermitteln können. All dies dient dazu, die Erzieherinnen und Erzieher zu begeistern und in die Lage zu versetzen, die zur Verfügung gestellten Arbeitsunterlagen wie Experimentierkarten und Projektbeschreibungen des «Hauses der kleinen Forscher» in ihrer Arbeit sinnvoll einzusetzen.

Das «Haus der kleinen Forscher» ist offen für alle Vorschuleinrichtungen. Seine Angebote werden in ganz Deutschland von lokalen Netzwerken der Initiative vermittelt. Diese organisieren regional Fortbildungen für die Erzieherinnen sowie Erzieher und verteilen die Experimentierkarten und Projektbroschüren. Lokale Ansprechpartner helfen den Kitas darüber hinaus, eine Patin oder einen Paten zu finden, der die Erzieherinnen und Erzieher bei der Beschäftigung mit Naturwissenschaften und Technik unterstützt. Außerdem bieten die Kooperationspartner oft zusätzliche Angebote rund um diese Themen an. An den lokalen Netzwerken der Initiative sind zumeist Kommunen oder öffentliche und private Träger von Vorschuleinrichtungen beteiligt, häufig auch Forschungszentren, Technikmuseen, Stiftungen und Unternehmen.

Als Eltern, Großeltern, sonstige Verwandte oder einfach am Thema Interessierte können auch Sie, liebe Leserinnen und Leser, auf vielfältige Art und Weise an den Angeboten der Initiative teilhaben. Neben den vielen spannenden Experimenten dieses Buches gibt es eine Reihe weiterer Versuchsanleitungen zum Ausprobieren und Nachmachen auf unserer Internetseite www.haus-der-kleinen-forscher.de. Dort finden Sie noch einmal eine ausführliche Beschreibung der Initiative und des pädagogischen Konzepts. Sie können sich auch darüber informieren, wie sich Kitas und Kindergärten in Ihrer Nähe an der Initiative beteiligen können.

In jedem Kind steckt eine kleine Forscherin oder ein kleiner Forscher. Viel Spaß auf der Entdeckungsreise durch dieses Buch voller spannender Geschichten und Experimente wünscht daher nun Ihnen und Ihren Kindern

Ihr
«Haus der kleinen Forscher»

Übersichtskarte 1:50000
Haus der kleinen Forscher

Abenteuer mit den kleinen Forschern

Denk dir eine Welt mit Wiesen, Bergen, Wäldern und Seen, bewohnt von kühnen Rittern, feuerspeienden Drachen, furchteinflößenden Ungeheuern und Außerirdischen, die aus den Tiefen des Alls zu Besuch kommen. In dieser Welt leben die kleinen Forscher, eine Bande fröhlicher, neugieriger Kinder, die viel gemeinsam unternehmen. Auch wenn sie sich zwischendurch mal streiten, helfen sie sich doch, wo es geht. Außerdem verbindet die Kinder ein gemeinsames Hobby: Sie forschen für ihr Leben gern! Sie sind ganz wild darauf, die Welt zu erkunden. Sie möchten verstehen, was um sie herum geschieht, und das, was sie verstanden haben, auch anwenden. Damit machen die kleinen Forscher sich und anderen das Leben schöner, angenehmer und leichter.

Alle diese Kinder wohnen und leben zusammen in einem Haus ohne Erwachsene. Und auch sonst ist das Haus der kleinen Forscher etwas ganz Außergewöhnliches: es hat nämlich Füße, kann also laufen. Vor allem nachts, wenn die Kinder schlafen, wandert es durch die Welt. Wachen die Kinder morgens auf, sind sie nicht selten an einem fremden Ort, der oftmals Überraschungen für sie bereithält. Den kleinen Forschern gefällt das, denn nur wer sich auf Unbekanntes einlässt, kann Neues entdecken. Draußen wie drinnen. Dafür gibt es im Haus ein richtiges Labor, in dem die Kinder forschen und experimentieren können. Sie nutzen es vor allem, wenn schlechtes Wetter ist oder ihnen auf einem ihrer Ausflüge etwas begegnet, das sie genauer unter die Lupe nehmen wollen.

Wie viele Kinder im Haus der kleinen Forscher wohnen, weiß ich selbst nicht mehr, weil ich Namen so schlecht behalten kann. Karla, Luisa und Vincent habe ich mir gemerkt, weil die drei am pfiffigsten sind. Irgendwie mag ich sie und ihre Katze Berleburg von allen kleinen

Einführung   13

Forschern am liebsten. Die anderen Kinder sind aber auch prima und bei den meisten Abenteuern dabei.

Viel Vergnügen mit den kleinen Forschern und ihren Experimenten wünscht dir

Und du bist hoffentlich auch dabei, wenn es nach jeder Geschichte etwas zu forschen gibt. Das sieht dann immer so aus:

Du brauchst:
- Zutaten, die bei euch zu Hause vorhanden sind. Oft ist es etwas aus der Küche.

Manche Experimente machst du bitte nur mit einem Erwachsenen zusammen, der dich dabei tatkräftig unterstützen darf. Diese Versuche haben wir für dich extra mit dieser Figur gekennzeichnet. Es sind Versuche mit Feuer und Schere, die alleine nicht ungefährlich sind. Also – immer gemeinsam machen. Versprochen? Danke!

So fängt's an:
Hier erfährst du, wie du den Versuch aufbaust.

So geht's weiter:
Hier steht, wie du den Versuch in Gang setzt.

Und das passiert:
Hier wird beschrieben, was du bei dem Versuch sehen, hören, riechen, fühlen oder schmecken kannst.

Das steckt dahinter:
Weil du bestimmt erfahren möchtest, warum es passiert, kommt hier eine Erklärung.

Deshalb ist es interessant:
Drei wichtige Punkte zum Versuch sind hier kurz und knapp aufgeführt.

Für ganz Wissbegierige:
Was hier steht, ist etwas komplizierter. Es ist vor allem für die älteren Leser gedacht, die gerne noch mehr wissen möchten.

Tipp:
Wenn du Lust hast, den Versuch etwas zu verändern und weiter zu forschen, bekommst du hier Ideen zum Ausprobieren.

Das verschwundene Perpetuum mobile

«Verflixt nochmal!» Vincent war außer sich. Er wühlte in seinen Papieren, sah alle Aufzeichnungen durch, aber konnte nichts finden. «Heute Morgen habe ich den Plan für mein Perpetuum mobile hier hingelegt, und jetzt ist er weg», rief er verzweifelt und wandte sich an seine Freunde. «Könnt ihr mir helfen?» Vincent war so genial wie unordentlich, weshalb sich niemand wunderte, dass er mal wieder etwas nicht finden konnte. Nach dem Plan zu suchen war absolut zwecklos in diesem hintersten Teil des Labors, wo Tisch, Stuhl und der ganze Boden mit Notizzetteln bedeckt waren. Sogar an den Wänden hingen seine Aufzeichnungen – in drei Schichten übereinander!

Luisa nahm Vincent in den Arm. «Weißt du denn noch, wo du zuletzt mit dem Konstruktionsplan warst?» «Gestern Abend im Bett, da hab ich den ganzen Plan entworfen. Und nun war alle Arbeit umsonst!» Luisa ging mit Vincent zu seinem Bett. Dort lag tatsächlich ein großer Zeichenblock auf der Decke. Doch das oberste Blatt war weiß. Ratlosigkeit machte sich breit. Bis Karla einschritt. «Dort drauf hast du ihn gezeichnet?», fragte sie Vincent und zeigte auf den Block. Vincent nickte und zog lautstark die Nase hoch. Da griff sich Karla den Block und einen Bleistift. Dann ging alles sehr schnell: Sie schraffierte das ganze Blatt mit dem Bleistift, bis es gleichmäßig grau war. Aber wenn man genau hinschaute, konnte man in dem Grau sehr gut helle Linien, Kreise und Buchstaben erkennen. «Ist das vielleicht dein Perpetuum mobile?», fragte sie Vincent. Dem fielen fast die Augen aus dem Kopf. «Wie hast du das gemacht?» «Tja, das nennt man Spurensicherung», sagte Karla stolz. «Noch nie davon gehört?»

Den Rest des Tages verkroch sich Vincent überglücklich mit seiner geretteten Konstruktionszeichnung ins Labor und schraubte bis tief in die Nacht an seinem geheimnisvollen Perpetuum mobile.

Willst du wissen, wie Karla die Zeichnung hervorgezaubert hat? Es ist ganz einfach, aber trickreich.

Du brauchst:
- 2 Blatt Papier
- 1 Kugelschreiber
- 1 weichen Bleistift

So fängt's an:
Lege beide Blätter aufeinander, am besten auf eine weiche Unterlage. Dann schreibst oder zeichnest du mit dem Kugelschreiber nach Lust und Laune auf das oben liegende Blatt.

So geht's weiter:
Wenn du fertig bist, legst du das Blatt mit der Kugelschreiberzeichnung zur Seite und widmest dich dem darunterliegenden, weißen und scheinbar leeren Blatt. Dieses Blatt schraffierst du vorsichtig überall mit einem weichen Bleistift. Dazu hältst du den Stift möglichst flach, sodass du das ganze Papier nicht mit der Spitze, sondern mit der Seitenfläche der Bleistiftmine bestreichst.

Und das passiert:

Auf einmal wird Unsichtbares sichtbar! Das, was du vorher geschrieben hast, erscheint nun als helle Linien auf dem bleistiftgrauen Blatt.

Das steckt dahinter:

Das erste Blatt, aber auch das darunterliegende zweite, wird beim Schreiben, Malen und Zeichnen geprägt. Überall dort, wo der Kugelschreiber über das Papier fährt, drückt er das Papier nach unten. Seine Kraft ist so groß, dass er auch noch das zweite, darunterliegende Blatt verändert.

Beim Schraffieren streicht die flache Bleistiftspitze über die Rillen hinweg, die der Kugelschreiber in das Papier gedrückt hat. An diesen Stellen wird die Bleistiftmine also nicht abgerieben und das Blatt nicht bleistiftgrau gefärbt. Deswegen bleiben die Rillen weiß und werden deutlich als helle Linien auf dem sonst dunkleren Papier sichtbar.

Deshalb ist es interessant:

- Beim Schreiben wird Papier geprägt. Es erhält also nicht nur eine Farbschicht, sondern wird auch in die Tiefe eingedrückt. Diese Prägung kannst du spüren: Auf der Vorderseite hat das Blatt Rillen und auf der Rückseite Wülste.
- Es gibt eine Schrift, die nur aus Prägungen besteht und ertastet werden muss. Es ist die «Braille» genannte Blindenschrift. Diese kannst du manchmal auf der Verpackung von Medikamenten finden.
- Wenn du eine geheime Nachricht prägen willst, solltest du sie mit einem leeren Kugelschreiber auf nur ein einziges Blatt schreiben, um keine Spuren zu hinterlassen. Denn so kann sich nichts versehentlich durchdrücken, und nur Eingeweihte können sie lesen, indem sie das Papier schraffieren. Allerdings musst du sehr genau darauf achten, was du schreibst – es ist ja selbst für dich kaum zu erkennen.

Für ganz Wissbegierige:
Die Spurensicherung von der Polizei kann so ähnlich geheime Notizen von Verbrechern sichtbar machen. Hat ein Gauner etwas auf einen Notizblock geschrieben und das Blatt abgerissen, hat sich seine Notiz auf das nächste Blatt durchgedrückt. So kann die Polizei beispielsweise wichtige Telefonnummern erfahren, die zu seiner Ergreifung führen. Außerdem kann sie die Handschrift des Täters ermitteln und ihn darüber später identifizieren. Der ganze Bereich der Technik von Verbrechensaufklärung bis zur Verhinderung von Verbrechen heißt übrigens «Kriminalistik».

Dabei nutzt die Kriminalpolizei allerdings noch viel ausgeklügeltere Verfahren. Denn es dürfen ja keine Spuren verwischt oder verändert werden. Deswegen wird natürlich nicht mit einem Bleistift über das Papier gestrichen, um eventuell vorhandene Spuren sichtbar zu machen. Die Kripo nutzt dazu das ESDA-Verfahren. Das ist die Abkürzung für «ElektroStatic Detection Apparatus», und es macht elektrostatische Aufladungen sichtbar. Dabei wird eine dünne Kunststofffolie mit Vakuum über das zu untersuchende Blatt Papier gespannt und elektrostatisch aufgeladen. Ein Spezialtoner, also ganz feines Kunststoffpulver, macht dann auf der Folie das auf dem Papier Geschriebene sichtbar. Er bleibt nur dort liegen, wo etwas geschrieben wurde. Schnell ist das ESDA-Verfahren auch: In nicht einmal zehn Minuten ist ein Blatt Papier auf Spuren ausgewertet. Bis auf eine Tiefe von sechs Blättern unter dem Original lassen sich Spuren sichern.

Verblüffend ist, dass schon das normale Anfassen eines Papierblattes ausreicht, um einen prägenden Eindruck zu hinterlassen. Der Fingerabdruck drückt sich in das Papier und lässt sich mit Hilfe von ESDA auswerten. Damit ist dieses Verfahren nahezu so empfindlich, dass man damit den Reifenabdruck eines vorbeifahrenden Autos von der Straße ablesen könnte …

Tipp:
Der Kugelschreiber drückt sich auf mehrere Seiten durch. Lege einmal fünf Blätter aufeinander und schreibe auf das oberste eine geheime Nachricht. Wie gut drückt sich diese Original-Nachricht auf die darunterliegenden Blätter durch? Ab welchem Blatt lässt sich kaum noch etwas lesen?

Das Prinzip funktioniert übrigens auch, wenn man die Rückseite des zweiten Blattes schraffiert. In dem Fall werden die Linien jedoch dunkler – wie beim Abpausen der Münze im Experiment «Geheimnisvolle Höhlenzeichnungen» auf Seite 44.

Wenn du zu Hause noch Gold- oder Silberfolien vom letzten Adventsbasteln übrig hast, kannst du sie mit einem spitzen Stift einritzen oder -drücken und auf diese Weise schöne Muster oder Bilder in die Folie prägen.

Ein Elefant mit Zahnschmerzen

Als die kleinen Forscher an diesem Morgen aufwachten, schwitzten sie in ihren Betten, so warm war es geworden. Das Haus war nämlich die ganze Nacht gelaufen, bis nach Afrika. Die kleinen Forscher hatten davon nur ein gemütliches Schaukeln gemerkt, das sie in den Schlaf wiegte. Nun hatte das Haus Blasen an den Füßen, und man hörte es im Gebälk ächzen. Doch in das Ächzen mischte sich ein lautes Trompeten. Es klang nicht bedrohlich, obwohl es von einem großen Elefanten kam, der seinen Rücken an einer Hausecke scheuerte. Es klang eher jämmerlich. Karla war als Erste draußen. «Was hast du?», fragte sie das Rüsseltier. «Er hat bestimmt Zahnschmerzen», sagte Vincent, der schlaftrunken im Pyjama angewankt kam.

In der Tat blickte der Elefant bekümmert auf seine großen Stoßzähne, die ziemlich schmutzig aussahen. «Wenn ihr denkt, das ist Dreck, irrt ihr euch gewaltig», sagte Luisa zu den anderen Forschern, die inzwischen alle herausgekommen waren. «Das hier», und sie klopfte auf eine schwarze Stelle am Stoßzahn, «das hier ist Karies vom Feinsten. Das kommt davon, wenn man sich nicht richtig die Zähne putzt. Oder gar nicht, was?» Der Elefant blickte beschämt zur Seite. Inzwischen stürmte Vincent in den Keller, klemmte sich die Bohrmaschine unter den Arm und griff nach einer Packung Mörtel. Der Elefant ahnte noch nichts. Zwei kleine Forscher hielten ihm die Augen zu, und mindestens vier sangen ihm Schlaflieder ins Ohr, bis er schnarchend auf die Seite kippte. Der Rest war schnell vollbracht: die schwarzen Stellen wegbohren und die Löcher mit Mörtel füllen, danach alles schön glatt streichen.

Als der Elefant wieder erwachte, war das Haus der kleinen Forscher längst weitergelaufen. Verwundert erhob sich das Rüsseltier und trompetete so laut, dass es weithin zu hören war. Diesmal nicht vor Schmerz, sondern vor Freude.

Willst du wissen, was Karies mit den Zähnen macht? Dann bist du bei diesem Experiment genau richtig.

Du brauchst:
- Eierschalen
- Haushaltsessig
- Wasser
- 2 kleine Schüsseln

So fängt's an:
Du brauchst vom Ei nur das, was sonst übrig bleibt: die Eierschale. Die einzelnen Stücke kommen in zwei kleine Schüsseln. In die eine wird mindestens so viel Essig dazugegeben, dass die Eierschalen gut mit Flüssigkeit bedeckt sind. In die andere füllst du entsprechend viel Wasser.

Säurewirkung 23

So geht's weiter:

An den Eierschalen im Essig bilden sich nach kurzer Zeit Bläschen. Bald schon steigen die ersten nach oben. Bei den Eierschalen im Wasser passiert nichts weiter. Jetzt heißt es abwarten.

Und das passiert:

Nach ungefähr einem Tag sind die Eierschalen im Essig verschwunden. Nur etwas Schaum schwimmt auf dem Essig in der Schüssel und etwas Haut, die innen an der Schale war. Die Eierschalen im Wasser sind hingegen unverändert.

Das steckt dahinter:

Eierschalen bestehen aus Kalk. Dieser Kalk ist zwar fest, aber nicht zu fest. Mit dem Eierlöffel lässt sich die Schale ja zerschlagen. Und mit Hilfe von Essig auflösen. Anders als Zucker löst sich die Eierschale allerdings nicht freiwillig auf, sonst würde sie sich ja auch im Wasser lösen. Dort tut sich aber nichts. Vielmehr zersetzt der Essig die Eierschale, weil in ihm Essigsäure enthalten ist, welche den Kalk in der Eierschale angreift. Dabei wird der Kalk von der Essigsäure in zwei andere Stoffe umgewandelt. Die dabei aufsteigenden Bläschen sind ein Beweis dafür. Diese Umwandlung nennt man eine chemische Reaktion.

Deshalb ist es interessant:

- Säuren sind aggressiv und greifen selbst viele harte Stoffe an.
- Nicht alle Säuren sind gleich stark. Ihre Stärke kann man mit Hilfe von Lackmuspapier testen. Je röter es sich beim Hineintauchen verfärbt, desto stärker ist die Säure. Wasser ist neutral, da verfärbt sich das Papier nicht. Wird das Papier blau, handelt es sich um eine basische Lösung beziehungsweise um eine Lauge.
- Auch Laugen oder Basen können aggressiv sein, denn Seifenlauge etwa löst Schmutz.

Für ganz Wissbegierige:
Säuren kommen nicht nur im Labor oder in Lebensmitteln wie Essig und Zitronen vor, sondern sogar im Mund. Die berüchtigte Zahnfäule – der Zahnarzt nennt es vornehm «Karies» – geht darauf zurück. Ursache ist eine muntere Tierwelt in unserer Mundhöhle. Dort tummeln sich Millionen von Mikroben, die wir nur durch fleißiges Zähneputzen in Schach halten können. Ein paar von ihnen, die Kariesbakterien nämlich, haben ihr Leben lang nichts Besseres zu tun, als den lieben langen Tag Zahnbelag zu verspeisen. Als Dank scheiden sie Säuren aus, welche die Zähne angreifen, denn die bestehen aus Kalk. Vor allem Süßigkeiten liefern einen idealen Nährboden für die hungrigen Bakterien. Wenn man dann noch das Zähneputzen vergisst, können die Säuren schnell Löcher in die Zähne fressen.

Menschen kommen übrigens ohne Kariesbakterien auf die Welt. Erst im Laufe ihres Lebens werden sie infiziert. Oft von den eigenen Eltern, die Kariesbakterien im Mund haben und Schnuller anlecken oder Babylöffel abschlecken, die sie den Kindern anschließend in den Mund stecken.

Tipp:
Noch andere Stoffe bestehen aus Kalk – Hühnerknochen und Straßenkreide etwa. Lege diese ebenfalls einmal in Essig, um zu schauen, was mit ihnen passiert.

Zum Kugeln

Heute stand das Haus der kleinen Forscher still, denn es hatte tierische Kopfschmerzen. Den ganzen Tag schon räumten die kleinen Forscher in ihm auf und machten sauber. Frühjahrsputz! War das ein Schieben und Kratzen, Rütteln und Laufen! Erstaunlich, was dabei alles zum Vorschein kam. «Stellt euch vor, ich habe mein Perpetuum mobile wiedergefunden», rief Vincent überglücklich und hielt eine interessante Konstruktion aus Drähten und Kabeln in die Höhe. «Schön für dich», sagte Karla. Sie versuchte gerade, den schweren Eichenschrank von der Wand zu schieben. Dahinter war Berleburgs Lieblingsplatz, weshalb von dort ständig Katzenhaare durch die Gegend flogen. Höchste Zeit also, einmal gründlich sauber zu machen. Doch der Schrank rührte sich nicht, sosehr Karla auch dagegendrückte. Katze Berleburg schaute untätig zu und wirkte irgendwie sehr zufrieden.

Umzugsfirma: Maus

26 Kugellager

Da kam Luisa angerannt und legte mindestens zehn Flummis vor Karla hin. «Probier's damit», meinte sie aufmunternd. «Das soll wohl ein Witz sein», stöhnte Karla und stemmte sich nochmals gegen den Schrank. Vincent begriff es als Erster. Er rief die anderen kleinen Forscher herbei. Gemeinsam hingen sie sich an eine Kante des Schrankes und brachten ihn tatsächlich so weit zum Kippen, dass Luisa die Bälle drunterschieben konnte.

Auf einmal war alles sehr einfach. Auf den Flummis ließ sich der klobige Schrank fast mit dem kleinen Finger durch die Gegend schieben. Nur Berleburg äugte misstrauisch hinüber. Als der Schrank weggerollt war, wurde auch offensichtlich, warum. «Mein Schmusekaninchen, das ich schon so lange gesucht habe!», rief Karla verzückt und drückte irgendetwas Verhaartes, Verstaubtes in den Arm, während Berleburg einen Buckel machte und davonmarschierte.

Magst du ausprobieren, wie die kleinen Forscher den Riesenschrank bewegt haben? Dafür brauchst du viel Köpfchen und wenig Kraft.

Du brauchst:
- 1 große, stabile Kiste mit ebenem Boden
- mindestens 8 kleine, gleich große Bälle (Flummis)

So fängt's an:
Stelle die Kiste auf den Boden und probiere aus, wie sie sich über den Boden schieben lässt. Je nach Gewicht der Kiste schrubbt sie mehr oder weniger gut über den Boden. Das Geräusch, das sie dabei macht, ist ein Maß für die Reibung, die dabei auftritt. Je lauter die Kiste schrubbt, desto mehr reibt sie sich am Boden.

So geht's weiter:

Lege an jeder Ecke und in der Mitte eine Kugel unter die Kiste. Zwei weitere Kugeln kommen vor die Kiste. Nun gilt es, die Kiste vorsichtig auf die beiden anderen Kugeln zu schieben. Und das, ohne sich die Finger zu klemmen!

Und das passiert:

Die Kiste bewegt sich fast von allein und ohne Schrubben. Mit etwas Geschick kannst du die Kiste vorsichtig und langsam kreuz und quer durch den Raum bewegen. Dazu legst du die frei werdenden Bälle einfach wieder vor die Kiste, sodass die Bälle unter der Kiste ständig wechseln. Je mehr Bälle du zur Verfügung hast, desto gleichmäßiger kannst du die Kiste auf ihnen bewegen.

Das steckt dahinter:

Die Bälle vermindern die Reibung zwischen Kiste und Boden, denn die Kiste liegt nicht mehr mit ihrem gesamten Boden auf, sondern hat nur an einigen wenigen Punkten mit den Bällen Kontakt, die wiederum mit einem kleinen Teil ihrer Oberfläche mit dem Boden in Kontakt sind.

Deshalb ist es interessant:

- Wie Walzen oder Rollen sind auch Kugeln ein guter Trick, um die Reibung zwischen einem Gegenstand und dem Boden zu verringern und den Gegenstand so leichter fortzubewegen.
- Im Gegensatz zu Walzen oder Rollen, die sich nur in zwei Richtungen – nämlich vorwärts und rückwärts – drehen lassen, kann eine Kugel in jede Richtung rollen.
- Soll ein Gegenstand, etwa ein Buggy oder ein Schreibtischstuhl, in alle Richtungen rollbar sein, taugen Kugeln allerdings nicht, denn

28   Kugellager

dafür müsste man sie ja daran festschrauben, und dann könnten sie sich nicht mehr drehen. Hier behilft man sich mit drehbaren Rollen. Sie drehen sich automatisch in die Richtung, in die man den Gegenstand schiebt.

Für ganz Wissbegierige:
Ordnet man Kugeln in einem Kreis an und steckt einen Stab mittendurch, hat man im Prinzip ein Kugellager. Technische Kugellager bestehen aus zwei Metallringen, zwischen denen Kugeln gefangen sind. Diese sorgen dafür, dass sich der innere und der äußere Ring reibungsarm gegeneinander drehen können. Weil Öl die Reibung zusätzlich verringert, sollten sie immer gut geschmiert sein.

In Roller und Fahrrad stecken viele Kugellager: in Vorder- und Hinterachse, damit sich die Räder drehen können. In der Lenkerstange, damit man sie zum Lenken drehen kann. Und beim Fahrrad zusätzlich in den Pedalen, damit sie sich beim Treten drehen. Auch im Tretlager, damit sich das Kettenblatt dreht.

Überall, wo eine Achse sich in etwas dreht oder sich etwas um eine Achse dreht, stecken Kugellager: im CD-Spieler und in Festplatte und Lüfter des Computers. Bei Auto, Bus und Bahn drehen sich die Räder am Fahrzeug damit Hunderttausende von Kilometern weit, in Schiffen halten sie übermannsgroße und tonnenschwere Schiffsschrauben reibungsarm fest.

Tipp:
Auch trockene Erbsen eignen sich für diesen Versuch. Streue welche auf den Boden und stelle einen Pappkarton darauf. Wie lässt er sich auf den runden Erbsen bewegen? Was kannst du noch alles als Transportkugeln benutzen? Wie wär's etwa mit Äpfeln, Orangen, Melonen oder Murmeln?

Psst, streng geheim!

Nur wer sich mal streitet, kann sich anschließend wieder gut vertragen. So ging es auch den kleinen Forschern. Und im Moment ganz besonders Vincent und Karla. Der altkluge Vincent wusste wirklich immer alles besser. Ohne Frage war Vincent genial, aber das musste er doch nicht so heraushängen lassen. Außerdem schnüffelte Vincent immer neugierig im Labor herum und stöberte mit Vorliebe in den Aufzeichnungen der anderen. Das ging zu weit.

Verwundert beobachtete Vincent beim Forschen im Labor, wie Karla plötzlich eine Weihnachtskerze in die Hand nahm. Mitten im Sommer! Anschließend rieb Karla mit der Kerze über das Papier. Schrieb sie etwas? Geheime Aufzeichnungen, hier, vor aller Augen? Vincent platzte vor Neugier. Er sah zu, dass er Karla nicht aus den Augen verlor. Die mischte im Labor fleißig Flüssigkeiten zusammen, kochte Substanzen auf, nahm Proben mit der Pipette und machte sich dabei jede Menge Notizen mit der Kerze. Wie schade, dass er nicht sehen konnte, was Karla da schrieb!

Plötzlich guckte ihn Karla direkt an. «Du bist auch überhaupt nicht neugierig, was?» Schnell blickte Vincent auf sein Experiment und tat ganz geschäftig. Puh, das nächste Mal musste er vorsichtiger sein. Ab

30   Kryptographie

jetzt beobachtete er Karla bei ihrem merkwürdigen Tun nur noch aus den Augenwinkeln. Dafür umso genauer.

Schließlich war Karla fertig. «Tschüss und viel Spaß noch!», rief sie und ging mit einem Stapel Papier unterm Arm aus dem Labor. Doch was war das? Karla hatte doch glatt ein Blatt vergessen. Das war seine Chance! Vincent schnappte sich das Blatt Papier und hielt es gegen das Licht. Nichts zu sehen. Er griff in die Schublade und holte seinen Wasserfarbmalkasten hervor. Mit etwas Blau pinselte er behutsam über das Papier. Und tatsächlich, da stand ganz deutlich: «Wer das liest ist doof!»

Heute verließ Vincent das Labor früher als sonst. Und das mit ungewöhnlich rotem Kopf.

Geheimschriften sind eine feine Sache. Hast du Lust, Karlas Trick auszuprobieren?

Kryptographie

Du brauchst:
- Dünne weiße Kerzen, am besten Weihnachtsbaumkerzen
- Zeichenpapier
- Wasserfarben

So fängt's an:
Nimm eine Kerze wie einen Stift in die Hand, aber so, dass du mit dem unteren, stumpfen Ende malst, und nicht mit der Spitze, wo der Docht rausguckt.

So geht's weiter:
Jetzt zeichnest du eine Schatzkarte, dein Lieblingstier, den besten Freund oder die beste Freundin, und wenn du schreiben kannst, fertigst du eine geheime Botschaft an.

Das ist nicht ganz einfach, denn das Wachs, das die Kerze auf dem Papier hinterlässt, ist ja nicht zu sehen. Nur beim Blick schräg auf das Papier spiegelt das Wachs, und du kannst kontrollieren, ob du alles richtig zu Papier gebracht hast.

Und das passiert:
Spätestens, wenn du die Karte brauchst, um den Schatz wiederzufinden, musst du sie lesbar machen. Das geht ganz einfach mit Wasserfarben. Du brauchst nur mit dünner Wasserfarbe über das Papier zu pinseln, und das Gemalte wird sichtbar.

Das steckt dahinter:

Wachs ist ein ganz hartes Fett, und Fett stößt Wasser ab. Deshalb kann die Wasserfarbe das Wachs nicht benetzen und färben. Die Wachsschicht versiegelt aber auch das darunter liegende Papier und verhindert, dass das Wasser dort in das Papier eindringt und es verfärbt. Die gewachsten Stellen bleiben deshalb weiß. Um nichts zu «übersehen», muss das Papierblatt komplett mit Wasserfarbe eingepinselt werden.

Deshalb ist es interessant:

- Ein mit Wachs bemaltes Papier kann man ganz offen mit sich herumtragen. Wer nicht weiß, dass darauf eine geheime Botschaft steht, kommt nie auf die Idee, das Blatt mit Wasserfarbe einzupinseln.
- Die geheime Botschaft auf dem Blatt erscheint als «Negativ». Normalerweise erscheinen Schriften oder Zeichnungen im «Positiv», das heißt in Schwarz oder Farbe auf weißem Papier. Hier ist es genau umgekehrt. Nicht die Schrift ist farbig, sondern das Papier drum herum.
- Mit Wachs beziehungsweise Fett kann man viele Dinge vor Feuchtigkeit schützen. So reibt man Lederschuhe mit Fett ein, um sie wasserdicht zu machen. Und Autos werden mit Autowachs eingerieben, damit das Regenwasser vom Lack abperlt.

Für ganz Wissbegierige:

Schon in der Antike haben sich Menschen damit befasst, wie wichtige Botschaften möglichst geheim übermittelt werden können; die Wissenschaft hiervon nennt man «Kryptographie». Es gibt grundsätzlich zwei Möglichkeiten: Eine geheime Nachricht wird versteckt transportiert, sodass niemand sie entdeckt. Oder eine geheime Nachricht wird ganz offen transportiert, aber sie ist derart verschlüsselt, dass sie niemand versteht.

In der Antike wurde die sogenannte «Steganographie» erfunden.

Man rasierte einem Sklaven den Kopf und schrieb eine Botschaft auf seine Kopfhaut. Erst, wenn die nachwachsenden Haare die Botschaft versteckt hatten, wurde der Sklave zum Empfänger geschickt, wo ihm wieder der Kopf geschoren wurde, um die Botschaft zu lesen.

Während des Zweiten Weltkrieges wurden geheime Botschaften offen und trotzdem versteckt übermittelt. In harmlosen Modezeichnungen waren Nachrichten versteckt, etwa im Pünktchenmuster eines Damenkleides.

In Zeiten des Kalten Krieges gab es den «Agentenfunk». Auf Kurzwelle wurden im Radio stundenlang Ziffern verlesen. Das waren geheime Botschaften, beispielsweise aus Ostberlin, für Agenten im Westen. Die konnten diese ganz normal mit dem Radio empfangen, aber als Einzige entschlüsseln und so geheime Anweisungen erhalten.

Tipp:
Diesen Versuch kannst du im Prinzip auch mit anderen Stoffen machen, die sich nicht mögen. So kannst du etwa mit einem Tintenkiller auf Papier schreiben und die unsichtbare Schrift mit einer wässrigen Tintenlösung und einem Pinsel sichtbar machen.

Ab ins Weltall

«Ich will zum Mond!», sagte Karla plötzlich beim Frühstück. Da wurde es mit einem Mal ganz ruhig am Tisch. «Zum Mond?», fragte Vincent unsicher. «Jawohl, zum Mond!», versicherte Karla, «wer hilft mir dabei?» Nur wenige Finger gingen in die Höhe, aber nach dem Frühstück kamen doch alle mit vors Haus.

Den ganzen Vormittag wurde gesägt und gehämmert, geschraubt und gestritten. Aus wie vielen Regenfässern sollte die Rakete bestehen? Wie viele Fenster sollte sie haben und vor allem: wo? Wer würde außer Karla mit an Bord dürfen, und was sollte er oder sie tun? Es war nicht einfach. Luisa riet zu einem Testflug, weil das Unternehmen nicht ungefährlich sei. Karla willigte ein.

Katze Berleburg nicht. Ihr war die Empörung an den Schnurrbarthaaren abzulesen, als sie in die Raketenspitze gesetzt wurde. Beleidigt schaute sie aus dem Fenster. «Gibt es auf dem Mond überhaupt Katzenfutter?», schienen ihre Augen zu fragen. Doch damit konnte sich gerade niemand beschäftigen, weil die Frage der Triebwerke geklärt werden musste. Wunderkerzen oder Knallplättchen? Vincent entschied sich kurzerhand für Wunderkerzen, Luisa kramte in den Schränken nach Resten vom letzten Silvester.

Schließlich war der spannende Moment des Starts gekommen.

Katapult

«Zehn – neun – acht – sieben – sechs ...», zählten die kleinen Forscher und standen im Kreis um die Rakete. Dabei hatten sie sich an den Händen gefasst. Und dann: «... – null – LOS!» Die Wunderkerzen sprühten um die Wette, aber sonst tat sich nichts. Verdattert standen die kleinen Forscher um ihre stolze Rakete, während Katze Berleburg mit einem Riesensprung das Weite suchte. «Künstlerpech», stellte Vincent fest, «nicht jeder Versuch funktioniert auf Anhieb. Aber die Idee war klasse.»

Möchtest du auch eine Rakete bauen? Für dieses Modell brauchst du keine Regentonnen, Wunderkerzen oder Katzen.

Du brauchst:
- 1 dünnen Trinkhalm
- 1 dicken Trinkhalm
- etwas Knetgummi oder Klebstoff

So fängt's an:
Du verstopfst ein Ende des dicken Trinkhalms mit Knetgummi. Du kannst es auch mit Klebstoff abdichten. Wichtig ist nur, dass der Trinkhalm an einem Ende dicht verschlossen ist.

So geht's weiter:
Dann steckst du den dünnen Trinkhalm zwischen deine Lippen und hältst ihn fest. Den dicken Trinkhalm steckst du über den dünnen. Dann pustest du feste in den dünnen Trinkhalm!

Und das passiert:

Der dicke Trinkhalm fliegt in weitem Bogen durch die Luft. Je nachdem, wie schräg du ihn beim Abschuss gehalten hast, fliegt er unterschiedlich hoch und weit. Hältst du ihn senkrecht, fliegt er am höchsten, hältst du ihn waagerecht, am weitesten.

Das steckt dahinter:

Wenn du in den dünnen Trinkhalm pustest, entsteht darin Luftdruck, der die Trinkhalm-Rakete schnell immer weiter nach oben drückt, um Platz zu schaffen. Dabei erhält die Rakete so viel Schwung, dass sie eine ziemliche Strecke fliegt, bis sie auf dem Boden aufkommt.

Deshalb ist es interessant:

- Durch deine Atemluft treibst du die Trinkhalm-Rakete an und gibst ihr Schwung. Man sagt, die Rakete erhält eine Beschleunigung. Dabei gibst du ihr einmal Schwung wie bei einem Katapult oder einer Schleuder.
- Weil die Trinkhalm-Rakete nicht durch leeren Raum, sondern durch Luft fliegt, wird sie von ihr abgebremst und immer langsamer. Ähnlich wie Wasser deinen Händen im Schwimmbecken Widerstand entgegensetzt, leistet die Luft der Rakete Widerstand, bloß nicht so stark. Gleichzeitig wird die Trinkhalm-Rakete von der Erde angezogen. Deswegen fliegt sie nicht schnurstracks geradeaus, sondern beschreibt einen Bogen nach unten.
- Im Weltraum würde die Trinkhalm-Rakete übrigens immer weiterfliegen. Denn erstens wird sie im luftleeren Raum dort nicht gebremst, zum anderen wird sie dank der dort herrschenden Schwerelosigkeit nicht abgelenkt, sondern fliegt immer weiter geradeaus.

Katapult 37

Für ganz Wissbegierige:
Wie ein Räuber eine bestimmte «Fluchtgeschwindigkeit» braucht, um den Gendarmen zu entkommen, benötigt die Rakete eine bestimmte «Fluchtgeschwindigkeit», um der Erde zu entkommen. 28 500 km/h muss sie erreichen, um in eine Umlaufbahn um die Erde einschwenken zu können. Das ist die sogenannte 1. kosmische Geschwindigkeit. Und es müssen sogar 40 320 km/h sein («2. kosmische Geschwindigkeit»), soll der Einflussbereich der Erde vollständig verlassen werden. Außerdem gibt es noch die 3. und 4. kosmische Geschwindigkeit, um unser Sonnensystem beziehungsweise unsere Galaxie, die Milchstraße, verlassen zu können.
Mit dem Katapultprinzip wie hier lassen sich all diese phantastischen Geschwindigkeiten nicht erreichen. Deshalb hat eine große Rakete ihre Energie in Form von Treibstoff mit an Bord. Sie wird also nicht einmal kurz angeschubst, sondern schubst sich selbst minutenlang selbst an, um sich auf die benötigte Fluchtgeschwindigkeit zu bringen.

Tipp:
Wie bei einer richtigen Rakete kannst du am dicken Trinkhalm ein Leitwerk aus Klebefilm anbringen. Dazu genügen vier Streifen Klebefilm, von denen jeweils zwei um den Trinkhalm herum gegeneinandergeklebt und vielleicht noch schräg angeschnitten werden.
Probier auch aus, ob der dünne Trinkhalm in die Öffnung deiner Fahrrad-Luftpumpe passt (eventuell mit Knetgummi abdichten). Mit der Pumpe lässt sich die Rakete viel stärker beschleunigen. Mit solcherlei technischer Unterstützung lassen sich ungeahnte Höhen und Weiten erreichen. Aber mit dieser Rakete nie auf Menschen zielen!

Der falsche Höhlenbär

Berleburg war verschwunden. Zwar waren die kleinen Forscher von ihrer Katze einiges gewohnt, aber dass sie nicht zum Frühstück erschien, war eigenartig. «Wir sollten Berleburg suchen», sagte Karla zwischen zwei Tassen Kakao. So machte sich nach dem Frühstück eine Expedition auf den Weg. Schon bald stießen sie auf ein schwarzes Loch am Wegesrand. «Eine Höhle», rief Vincent begeistert. Ohne zu zögern drangen die kleinen Forscher in die Höhle ein. Doch nach wenigen Schritten wurde es finster. «So ein Pech, wir haben die Taschenlampen vergessen», ärgerte sich Vincent. «Kein Problem, ich habe Teelichter dabei.» Zum Glück hatte Luisa einen Kerzentick! Jeder bekam ein Teelicht, und weiter ging es. Bis die Teelichter von einem plötzlichen Lufthauch ausgepustet wurden. Nun war es nahezu stockfinster. «Sehttt ihr dddas da vovorne aauch?» Karla stotterte plötzlich. Zwei glühende

Falten 39

Punkte waren vor ihnen in der Höhle aufgetaucht. «Ein Höhlenbär sieht uns an!», flüsterte Luisa. Es war zu dunkel, um mehr zu sehen. Alle fürchteten sich. Jetzt war guter Rat teuer. Doch Vincent kramte bereits in seinem Rucksack. «Wir brauchen Laternen. Die lassen sich nicht so leicht auspusten.» Die anderen hörten ihn rascheln. «Beeil dich!» «Ich falte ja schon!» Endlich zündete Vincent seine Kerze an und stellte sie flugs in die Laterne. Im fahlen Schein des Lichtes schauten die kleinen Forscher wieder nach vorne. Dort, wo eben ein Augenpaar gefunkelt hatte, saß jetzt eine Katze und sah recht jämmerlich aus. «Da bist du ja wieder», rief Karla, nahm Berleburg auf den Arm, drückte sie an sich und trug sie triumphierend ins Freie. Den ganzen übrigen Tag lang war Berleburg die glücklichste Katze auf der ganzen Welt.

Wenn du wissen möchtest, was für eine Laterne Vincent noch schnell in der Höhle gebastelt hat, bist du hier richtig.

Du brauchst:

- 1 Blatt DIN-A4-Papier, ideal ist Transparent-Papier
- 1 Kinderschere
- Malstifte
- Klebstoff
- die Bastelvorlage aus dem Internet (gehe auf die Seite *www.rowohlt.de/faltanleitung*)

So fängt's an:

Druck dir die Vorlage auf Papier aus oder zeichne sie ab. Nun malst du die einzelnen Dreiecke verschiedenfarbig aus – natürlich nur, wenn du magst. Dann beginnt das Falten. Das ist nicht schwer, aber auch nicht ganz einfach und geht so:

Schneide den weißen Rand ringsherum ab und lege das Blatt so vor

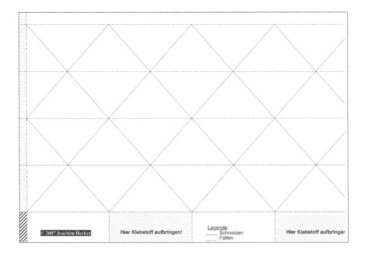

dich hin, dass der gepunktete Rand links ist und die gestreifte Ecke sich links unten befindet. Der obere Rand deines Blattes wird dann später auch der obere Rand der Laterne sein.

An den durchgezogenen Linien schneidest du das Papier ein. Die gestreifte Ecke wird ganz ausgeschnitten. An allen gestrichelten Linien faltest du das Papier nach hinten – im wahrsten Sinne des Wortes kreuz und quer. Streiche jeden Knick nochmal mit deinem Fingernagel nach. Alle Knicke biegst du wieder zurück, nur der Knick ganz oben bleibt nach hinten geknickt, um die Laterne am oberen Rand, also an der Seite, wo sie offen ist, zu verstärken.

So geht's weiter:
Links, wo das Blatt gepunktet ist, trägst du Klebstoff auf und drückst dann den rechten Blattrand auf den linken. Das Blatt wird also zu einem geschlossenen Rund zusammengeklebt. Die vier Laschen unten klebst du wie bei einem Pappkarton zusammen. Zum Schluss bekommt die Laterne noch ihre besondere Form. Dazu stellst du sie auf den Tisch und drückst die waagerechten Linien vorsichtig nach innen. Sie springen fast von allein in die gewünschte Richtung, während sich die Kreuze nach vorn wölben.

Falten 41

Und das passiert:
Du erhältst eine Laterne mit Ecken und Kanten. Durch ihre Knicke ist sie wesentlich stabiler als eine Laterne, bei der das Papier einfach nur rund gebogen ist.

Das steckt dahinter:
Knicke verleihen der Laterne Festigkeit. Denn ihre Hülle ist jetzt nicht einfach flach, sondern nach innen und außen gewölbt. Dadurch werden die Kräfte anders abgeleitet, wenn etwa jemand draufdrückt. Bei der normalen Rundlaterne kann das Papier nur nach hinten ausweichen, wenn von vorn draufgedrückt wird. Bei deiner Faltlaterne wird die Kraft nach allen Seiten abgeleitet, nach oben, unten, rechts und links. Das kannst du sehen, wenn du auf eines der Kreuze drückst. Dann bewegt sich die gesamte Laterne und fängt den Druck ab.

Deshalb ist es interessant:
- Wenn du ein Blatt Papier zerknüllst, merkst du, dass es immer mehr Kraft kostet, je kleiner die zerknüllte Papierkugel ist. Das liegt an den Knicken im Papier, die es festigen. Damit «wehrt» sich das Papier gegen das Zerknüllen.
- Wenn man Knicke bewusst und geschickt einsetzt, kann man dünne Materialien dadurch stabiler machen und vor Verformungen schützen. Denn Knicke leiten Kräfte in alle Richtungen ab und verhindern so, dass Kräfte in eine bestimmte Richtung wirken.
- Das funktioniert sogar bei Blech, also Metall. Neuartige Waschmaschinen besitzen eine Waschtrommel mit Wabenmuster. Auch das sind feine Knicke im Metallblech, die es stabilisieren. Dadurch kann das Blech dünner und die Trommel leichter sein. Das spart Energie bei Herstellung und Betrieb ebenso wie Material, also Rohstoff.

Für ganz Wissbegierige:
Die erwähnten Waschmaschinentrommeln besitzen eine sogenannte «Wölbstruktur». Erfunden hat sie der Wissenschaftler Frank Mirtsch. Das geschah – wie so oft in der Wissenschaft – rein zufällig, als ihm im Labor ein Versuchsaufbau kaputt ging. Dabei entdeckte Mirtsch bei einem Blechzylinder wabenförmige Sechsecke, die sich dort von selbst im Blech gebildet hatten. Er entwickelte auf eigene Faust und in jahrelanger Arbeit eine Technik, diese Waben künstlich in Blechen zu erzeugen, und taufte das Ergebnis «Wölbstruktur». Heute werden Wölbstrukturen nicht nur bei Waschmaschinentrommeln verwendet, sondern auch in Autos, Klimaanlagen und Lampen. Das sieht schick aus und spart Material und Rohstoffe. Das wiederum schont die Umwelt.

Auch Bienenwaben bestehen aus Sechsecken. Das spart Platz und macht sie unter anderem stabiler.

Die «Wölbstruktur» ist ein gutes Beispiel für «Bionik», wo natürliche Vorgänge und Phänomene technisch genutzt werden (siehe auch «Das Geheimnis der Tulpenblätter» auf Seite 117).

Tipp:
Auch Lampions aus Papier – typisch ist etwa das «Mondgesicht» – nutzen Falten. Dadurch lässt sich der Lampion sehr kompakt zusammenlegen und nimmt kaum Platz weg. Spannt man ihn zu einer großen Kugel, versteifen die Falten den Lampion und machen ihn stabiler.

Geheimnisvolle Höhlenzeichnungen

Während Karla Berleburg in Sicherheit brachte, waren die kleinen Forscher in der Höhle zurückgeblieben. Auf dem Weg nach draußen hatte Vincent nämlich innegehalten und auf die Höhlenwand gezeigt. «Schaut euch das an! Da sind ja uralte Höhlenmalereien.» An den Wänden waren tatsächlich und deutlich etwas unbeholfene, in den Stein geritzte Zeichnungen zu erkennen. Sie sahen eine Katze, die ihre Zunge herausstreckte. Dann waren da noch ein Haus mit Füßen und ein Strichmännchen, unter dem so etwas Ähnliches wie «VINCENT» gekritzelt war. «Das ist bestimmt hundert Millionen tausend Jahre alt», sagte Vincent, «das ist ein einmaliger Fund, mit dem wir endgültig und für immer und ewig berühmt werden können.» «Aber wer soll sich dafür interessieren?», wunderte sich Luisa, der das Gekrakel merkwürdig vertraut vorkam. «Dafür bekommen wir den Oscar oder sogar den Nobelpreis», war sich Vincent sicher, «aber wie kriegen wir die Zeichnungen von den Wänden ab?» «Wir könnten sie doch abschlagen», sagte Luisa. «Und riskieren, dass sie kaputt gehen? Nein, ich hab eine bessere Idee», fiel ihr Vincent ins Wort und kramte sogleich in seinem Rucksack. Er zog Blätter

und Bleistifte hervor, die er verteilte. «Und jetzt an die Arbeit», ermunterte er die anderen. Und die kleinen Forscher griffen zu Papier und Bleistift und pausten die Höhlenwände ab.

Im Haus der kleinen Forscher angekommen, gab Vincent mächtig mit seiner Entdeckung an und präsentierte die Pausen, die sie in der Höhle von den Wänden gemacht und mitgebracht hatten. «Die hat bestimmt mein Ur-ur-ur-ur-ur-Opa gemalt», sagt er. Nur Karla war still. Sie dachte an den gestrigen Nachmittag, als sie einfach mal allein für sich unterwegs gewesen war und eine einsame Höhle gefunden hatte, in deren weiche Wände man mit spitzen Steinen Bilder ritzen konnte ...

Falls es dich interessiert, wie die kleinen Forscher die Höhlenzeichnungen abgepaust haben, erfährst du hier mehr:

Du brauchst:
- 1 Blatt Papier
- Geldmünzen
- 1 weichen Bleistift

So fängt's an:
Nimm dir ein Blatt Papier und eine oder mehrere Geldmünzen. Lege die Münzen auf den Tisch und das Papier darüber.

So geht's weiter:
Nun fährst du mit dem Bleistift auf dem Papier über die Münzen darunter. Halte den Bleistift am besten ganz flach. Pass gut auf, dass die Münzen nicht verrutschen, wenn du mit dem Stift über sie fährst.

Drucken 45

Und das passiert:
Die Münzen pausen sich durch das Papier durch. Deutlich kannst du alle Einzelheiten bis hin zur Schrift erkennen.

Das steckt dahinter:
Eine Geldmünze ist nicht ganz flach, sondern hat erhabene Stellen, also eine Reliefstruktur. Wenn du mit einer Fingerspitze über die Münze streichst, kannst du die Erhabenheiten auch spüren. Bei einem 50-Cent-Stück etwa stehen die Zahl «50», der Schriftzug «EUROCENT», die Sternchen, eine Mini-Landkarte Europas und die senkrechten Striche hervor, außerdem der Rand. Wenn du mit dem Bleistift darüberfährst, drücken die höherstehenden Stellen der Münze stärker gegen den Stift, deswegen wird das Papier darüber dunkler angemalt, weil mehr vom Bleistift daran hängen bleibt.

Deshalb ist es interessant:
- Eine Münze ist nicht flach, sondern hat Höhen und Tiefen wie Berge und Täler.
- Beim Abpausen mit Bleistift und Papier werden die höherstehenden Stellen auf dem Papier dunkler. Sie drücken sich nämlich stärker durch.
- Wenn du die Münze ganz dünn mit Farbe einreibst und anschließend auf ein Blatt Papier drückst, wird die Farbe nur von den höherstehenden Flächen auf das Papier übertragen. Dieses Druckverfahren nutzen beispielsweise Stempel oder alte mechanische Schreibmaschinen: Nur die hochstehenden Buchstabenflächen werden beim Einfärben mit Farbe bedeckt und aufs Papier übertragen.

Für ganz Wissbegierige:
Das Druckverfahren à la Münze heißt «Hochdruck». Hier werden nur die Stellen mit Farbe beschichtet, die später

abgedruckt werden sollen. Das geht am besten, wenn diese Flächen hochstehen, daher der Name dieses Druckverfahrens. Früher wurden Zeitungen im (und mit) Hochdruck produziert, heute hat dieses Druckverfahren keine große Bedeutung mehr.

Daneben gibt es den «Tiefdruck», der im Mittelalter bei Kupferstichen und Radierungen und heute noch bei Großauflagen für farbige Broschüren oder Illustrierte zum Einsatz kommt. Hier hat die Druckplatte Vertiefungen, in denen die Farbe beim Beschichten hängen bleibt. Wird Papier daraufgepresst, saugt es die Farbe aus den Vertiefungen auf.

Am häufigsten ist heute der «Flachdruck», bei dem die Druckplatte eben ist. Allerdings ist die Oberfläche speziell beschichtet. So gibt es Flächen, die Farbe abweisen, und welche, die Farbe annehmen und anschließend auf das Papier drucken. Der Flachdruck ist preiswert in der Herstellung und schnell in der Produktion.

Daneben sind moderne, digitale Druckverfahren im Kommen, die aus der Computertechnik geboren sind. Sie funktionieren nach dem Prinzip von Laserdruckern, eignen sich aber (noch) nicht für Großauflagen. Immerhin ermöglichen sie «Books on demand», also «Bücher auf Bestellung», die in Kleinstauflagen nach Bedarf angefertigt werden.

Tipp:
Mit dem Abpausen von Geldmünzen kannst du dir schönes Spielgeld selbst machen. Allerdings funktioniert das Abpausen nur mit Stiften, die ziemlich harte Minen haben wie Bleistifte oder Buntstifte, nicht aber etwa mit Filzstiften, da ihre Minen weich sind.

Drucken

Das Geheuer von Loch Nass

Es war das erste Mal, dass die Kinder in ihren Betten fröstelten. Dem Haus der kleinen Forscher ging es ebenso. Es wechselte von einem Bein aufs andere und war ungewöhnlich unruhig. Es hatte an einem tiefen, dunklen See haltgemacht, der von schroffen Felswänden umringt war. Alles andere als gemütlich. Und dann – ein langgezogener, klagender Ton wehte über das schwarze Wasser. Den kleinen Forschern gefror das Blut in den Adern. Endlich wagten sie sich an die Fenster und blickten auf den düsteren See. Da hinten bildete sich ein Strudel, der wuchs und näher kam. «Weg hier!», schrie Luisa. Doch das Haus blieb wie angewurzelt stehen. Zu spät.

Von solch einem Riesenmonster hatten die kleinen Forscher noch nicht einmal geträumt. Doch als es dann mit piepsiger Stimme sagte: «Entschuldigung, ich bin das hiesige Seeungeheuer. Aber ihr dürft ‹Geheuer› zu mir sagen», musste Karla als Erste lachen. «Hast du uns erschreckt, olles Geheuer. Und wir sind die Kinder vom Haus der kleinen Forscher. Was willst du von uns?» Das Geheuer blickte sie flehend

an. «Ich brauche dringend eure Hilfe.» Der See, erzählte es, steige immer höher, seit der Abfluss verstopft sei. Das sei an und für sich nicht schlimm. «Aber ich kann leider nicht schwimmen. Ich lebe auf dem Boden des Sees und strecke meinen Kopf nur zum Atemholen aus dem Wasser. Jetzt steht es mir schon bis zum Kinn, und ich fürchte, bald keine Luft mehr zu bekommen.»

Vincent konnte es nicht fassen. «Hoffentlich flunkert dieses Geheuer nicht!», raunte er den anderen zu. Dann trauten sie sich doch heraus.

Auf Luisas Vorschlag hin montierten sie alle Regenrohre des Hauses ab und steckten sie zu einem einzigen, sehr langen Rohr zusammen. Ein Ende kam in den See, von dort führte das Rohr über die Felsen ins tiefergelegene Nachbartal. «Und jetzt alle saugen!», schrie Vincent. Augenblicklich ergoss sich ein ansehnlicher Schwall ins Nachbartal, und der Wasserpegel des Sees begann, sichtbar zu sinken. «Ich danke euch, ihr habt mir das Leben gerettet. Dafür fresse ich euch nicht auf», sagte das Geheuer. «Na, na, na», meinte Karla. «War ja nur ein Scherz», entschuldigte sich das Geheuer.

Die kleinen Forscher planschten noch den ganzen Tag mit dem Geheuer im See. Als sie am Abend einschliefen und das Haus sich wieder auf den Weg machte, trug sie ein langgezogener Gesang in ihre Träume.

Möchtest du wissen, wie das Geheuer aussieht? Dann mal es dir auf! Und willst du wissen, wie die kleinen Forscher das Wasser aus dem See abgelassen haben? Dann bau dir einen «Saugheber»:

Du brauchst:
- 1 Rohrleitung aus Trinkhalmen (siehe «Der Walfisch auf dem Trockenen» ab Seite 122)
- 1 Eimer mit Wasser
- 1 Trinkbecher

So fängt's an:
Hol dir deine Rohrleitung oder bastele dir rasch noch eine (siehe Seite 124 f.). Die Rohrleitung sollte ungefähr doppelt so lang sein, wie der Eimer hoch ist.

So geht's weiter:
Stelle den Eimer auf den Tisch und «verlege» deine Rohrleitung so, dass sie im Eimer ins Wasser ragt und außerhalb des Eimers herunterführt. Das Stück, das in den Eimer ragt, sollte gerade nach unten

zeigen. Die Rohrleitung lässt sich übrigens gut an der Eimerkante einhängen, wenn du einen der Trinkhalme an der Knickstelle «U»-förmig umbiegst.

Die Rohrleitung ragt nun im Eimer ins Wasser und hängt außerhalb des Eimers herunter. An diesem Ende deiner Leitung saugst du nun und hältst es über den Trinkbecher, sobald Wasser fließt.

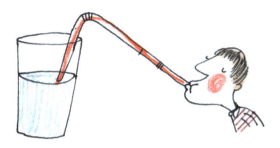

Und das passiert:

Aus deiner Trinkhalm-Leitung strömt Wasser! Es ist gar nicht zu stoppen, und der Trinkbecher wird immer voller. Erst wenn du das Ende des Trinkhalm-Rohres, aus dem das Wasser fließt, hochhebst, strömt weniger Wasser heraus, oder es hört sogar ganz auf, herauszufließen.

Das steckt dahinter:

Bei diesem Experiment strömt das Wasser zuerst tatsächlich bergauf!

Wenn du dir deine Rohrleitung genau ansiehst, kannst du feststellen, dass das Rohrleitungsstück außerhalb des Eimers länger ist als

Saugheber 51

das Stück im Eimer. Daher kann außen, also in dem längeren Teil der Leitung, mehr Wasser sein als im kurzen Teil der Rohrleitung, das in den Eimer ragt. Außerdem siehst du, dass das äußere Rohrleitungsstück, aus dem das Wasser in deinen Becher fließt, unterhalb des Wasserspiegels endet. Saugst du an deiner Rohrleitung, so entsteht in ihr ein Unterdruck, und das Wasser wird aus dem Eimer in die Rohrleitung gedrückt. Sobald das Wasser in der Rohrleitung über die Eimerkante kommt, fällt es in dem langen Rohrleitungsstück nach unten. Das hat dieselbe Wirkung wie dein Saugen – immer neues Wasser wird in die Rohrleitung gedrückt.

Deshalb ist es interessant:
- Dieser Trick heißt «Saugheber-Effekt» – ganz klar, denn das Wasser wird aus dem Eimer ge*saugt* und dafür erst einmal hoch*gehoben*.
- Man kann damit ein großes Aquarium mühelos ausleeren: Dazu wird einfach ein Schlauch hineingehängt. Das andere Schlauchende muss tiefer und über einem Eimer hängen. Einmal angesaugt, fließt das Wasser aus dem Aquarium in den Eimer hinein. Das mühsame Schöpfen von Hand ist überflüssig. Benzindiebe leeren den Autotank gemeinerweise mit einem Saugheber, wenn sie Benzin aus einem parkenden Auto stehlen.
- Normalerweise kommt Flüssigkeit nur aus einem Behälter, wenn man diesen umkippt und so den Inhalt ausschüttet. Mit einem Saugheber kann Flüssigkeit ganz einfach mit einem Schlauch herausgeholt werden. Erst recht, wenn der Behälter – wie ein Aquarium oder ein Autotank – etwas höher liegt als der Boden.

Für ganz Wissbegierige:
Jeder Winzer nutzt den Saugheber, um an Wein aus seinen Fässern zu gelangen. Weinfässer sind nämlich oben offen, damit dort die bei der Weingärung entstehenden Gase abziehen können. Um von dort auch an das edle Tröpfchen zu gelangen,

wird oben ein Schlauch eingeführt, kurz mit dem Mund daran gesogen und der anströmende Wein in Gläser gefüllt. Der Daumen des Winzers dient als «Weinhahn» und verschließt den Schlauch. Wird kein weiterer Wein mehr benötigt, hebt der Winzer den Schlauch hoch, sodass der Wein darin in das Fass zurückfließt und der Saugheber-Vorgang abgebrochen wird.

Tipp:
Baue dir doch ein kleines Saugheber-Labyrinth. Dazu stellst du mehrere Eimer unterschiedlich hoch hin, etwa auf Leiter, Tisch, Stuhl und Boden. Mit Plastikschläuchen aus dem Baumarkt verbindest du die Eimer dann der Reihe nach von oben nach unten miteinander und löst durch Ansaugen bei jedem einzelnen Schlauch den Saugheber-Vorgang aus. Nun fließt das Wasser vollautomatisch stufenweise von einem Eimer in den nächsten.

Das Haus geht in die Luft

Als die kleinen Forscher an diesem Tag aufwachten, wussten sie zuerst nicht, was los war. Es war draußen schon hell, aber so richtig hell war es auch nicht. «Da hängt was vor den Fenstern», schrie Karla als Erste. Und in der Tat verdeckte etwas rot-weiß Gestreiftes den Blick nach draußen. Es fühlte sich weich an und leicht und luftig. Vincent war als Erster draußen und sah sich die Bescherung an: Ein Heißluftballon hatte sich am Haus der kleinen Forscher verhakt und war über ihm niedergegangen. Bevor Katze Berleburg einen Kratzer in den kostbaren Stoff machen konnte, hatte Vincent eine Idee. «Wir nehmen den herrenlosen Ballon und versuchen, damit zu fliegen!» «Und womit sollen wir in das Ding heiße Luft reinblasen?», fragte Luisa. «Na, mit dem Kamin», sagte Karla. Vincent wusste schon wie und kletterte auf das Dach. Er befestigte das offene Ende des Heißluftballons am Schornstein, während Karla drinnen Holz in den Kamin warf. Schon kamen dicke schwarze Rauchwolken aus dem Schornstein, und der Ballon begann, sich aufzurichten. «Alle Mann ins Haus!», rief Luisa, und die

54 Heißluftballon

kleinen Forscher quetschten sich durch die Haustür ins Innere. Und siehe da, das Haus stieg, getragen von einem wunderschönen, rot-weiß gestreiften Heißluftballon, in die Höhe. Nicht sehr hoch, einen Meter vielleicht, doch hoch genug, dass die Beine des Hauses über dem Boden schwebten. Mit dem leichten Westwind, der wehte, fuhren die kleinen Forscher mit ihrem Haus erst über die Wiese und dann über den großen See. Aus den Fenstern schauten lauter fröhliche Gesichter und strahlten und blickten auf zu dem Ballon, der sie forttrug.

Hast du auch Lust, einen Heißluftballon aufsteigen zu lassen?

Du brauchst:
- 1 Teebeutel
- 1 Teller
- 1 Kinderschere
- 1 Feuerzeug oder Streichhölzer
- 1 Erwachsenen

So fängt's an:

Du schneidest den Teebeutel gerade unterhalb der Klammer ab, die den Faden festhält. Dann klappst du ihn auseinander. Den Tee schüttest du in den Abfall, denn du brauchst nur den feinen Teebeutel.

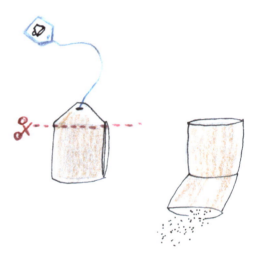

So geht's weiter:

Der Teebeutel besteht aus zwei Schichten, die du vorsichtig mit dem Finger zu einer Röhre ausstülpen kannst. Stelle die Teebeutel-Röhre

senkrecht auf den Teller und lasse sie von einem Erwachsenen mit Streichholz oder Feuerzeug oben anzünden. Achte darauf, dass alle Fenster geschlossen sind, damit kein Luftzug die Röhre umpustet.

Und das passiert:
Der Teebeutel brennt lichterloh und steigt schließlich in die Luft! Dabei verbrennt er nach und nach, bis nur ein schwarzes Ascheflöckchen übrig bleibt.

Das steckt dahinter:
Wenn der Teebeutel brennt, erwärmt das Feuer die Luft rund um die Röhre. Weil heiße Luft leichter ist als kalte Luft, steigt sie nach oben und hebt dabei den leichten Teebeutel mit an. Je weiter der Beutel verbrennt, desto leichter wird er. Mit etwas Glück fliegt er bis zur Zimmerdecke, also ganz schön hoch.

Wenn der Teebeutel verbrannt ist, geht das Feuer aus. Es entsteht keine heiße Luft mehr, und der Ascherest segelt zu Boden.

Bei diesem Versuch muss immer ein Erwachsener dabei sein. Versprochen?

Deshalb ist es interessant:
- Warme Luft ist leichter als kalte. Deshalb steigt warme Luft in kalter Luft nach oben.
- Der Teebeutel ist aus Filterpapier und sehr, sehr leicht. Darum schafft es die heiße Luft, ihn mit hochzuheben, erst recht, wenn er verbrannt ist. Um schwere Dinge schweben zu lassen, braucht man viel mehr heiße Luft. Darum sind Heißluftballons so groß. Die Ballonhülle hält die heiße Luft fest, damit sie etwa einen Korb nach oben ziehen kann.
- Durch warme und kalte Luft entsteht übrigens Wind. Über uns gibt es kalte und warme Luftschichten, die übereinander wegziehen, aufeinanderprallen und sich vermischen. So entsteht Wind, der dir in die Haare bläst und die Wolken am Himmel bewegt.

Für ganz Wissbegierige:
Heißluftballone fliegen oder segeln nicht, sie «fahren», wie es in der Sprache der Ballonfahrer heißt. Dazu brauchen sie nichts als einen Ballon voll heißer Luft. Mit einem Gasbrenner wird die Luft darin auf bis zu 110 °C aufgeheizt – ist also heißer als kochendes Wasser.

Interessant ist, dass auch die Lufttemperatur außen herum eine Rolle spielt, denn der Auftrieb des Ballons und damit seine Fahrthöhe hängt vom Temperaturunterschied der Luft innen und außen ab. Im Winter muss ein Heißluftballon nicht ganz so hoch geheizt werden wie im Sommer. Dafür kühlt er im Winter schneller ab, und es muss öfters nachgeheizt und der Brenner angeworfen werden.

Während Heißluftballone aus leichter, aber reißfester Ballonseide gefertigt werden, besteht dein Heißluftballon, der Teebeutel, aus ganz feinem Filterpapier. Dieses Papier wird aus den Blättern der Abacá-Staude gemacht. Das ist eine Bananenpflanze. Das Teebeutelpapier ist unglaublich leicht. Zehn leere Teebeutel wiegen gerade einmal anderthalb Gramm, und einer wiegt so viel wie 144 Haare! Verbrannt sind sie sogar leichter als ein menschliches Haar und fliegen beim geringsten Luftzug davon.

Tipp:
Für dieses Experiment ist am besten ein windstiller Tag geeignet. Dann kannst du das Experiment draußen, etwa auf Balkon oder Terrasse, durchführen. Ein Erwachsener hilft dir natürlich dabei – das hast du ja versprochen.

Ein Schlitten für den Bären

Das Haus hatte am Rande eines lieblichen Waldes haltgemacht. Die kleinen Forscher schwärmten aus, um Pilze zu sammeln, Kräuter zu pflücken und Äste und Zweige zu holen. Katze Berleburg streifte neugierig durchs Dickicht, roch hier und da und jagte kleinen Mücken nach. Unvermutet hielt Vincent inne. Vor ihm lag ein Bär, leckte sich die rechte Vordertatze und wimmerte erbärmlich. «Vorsicht, vielleicht beißt er!?», sagte Karla, die hinzugekommen war. Schnell waren die übrigen Forscher herbeigewunken und sammelten sich im Kreis um den Bären. «Er ist noch jung, obwohl er so groß ist», meinte Luisa. «Dort hinten ist eine Höhle. Bestimmt schafft er es nicht mehr nach

Hause, weil er sich verletzt hat.» «Wir müssen ihm helfen!», rief Karla. «Wie denn, er ist doch viel zu schwer für uns. Schließlich ist er nicht aus Plüsch», sagte Vincent. Da kam Luisa mit einem Schlitten angerannt. Vincent tippte sich an die Stirn. «Schlittenfahren? Im Sommer?!»

Doch das wollte Luisa gar nicht. Sie zeigte den kleinen Forschern, was sie vorhatte. Irgendwie hievten sie Meister Petz gemeinsam auf den Schlitten. Mit ein paar Stricken wurde er sachte festgebunden, damit er nicht herunterfallen konnte. Karla hatte schon begriffen, was Luisa vorhatte, und kam mit großen Stöckchen herbei. «Helft mal mit!», rief sie den kleinen Forschern zu, die noch zögerten. «Aber klemmt euch dabei nicht die Finger!» Und dann fassten alle mit an und rollten den jungen, aber schweren Bären langsam zu seiner Höhle. Dort banden sie ihn los, und er plumpste vom Schlitten. «Jetzt nichts wie weg hier», flüsterte Karla, «Bären haben oft schlechte Laune». Als sie zum Haus der kleinen Forscher zurückliefen, hörten sie den jungen Bären aus der Ferne immer noch wimmern. Doch gleichzeitig war ein zärtliches Brummen zu vernehmen, wie es nur eine Bärenmama brummen kann.

Möchtest du wissen, wie die kleinen Forscher den Bären transportiert haben? Bitte schön:

Du brauchst:
- 1 Schlitten
- 1 Stofftier (z. B. Teddybär)
- mindestens 8 runde Malstifte oder runde Holzbausteine.
- am besten einen ebenen, glatten Boden
- vielleicht noch einige Freunde, denn gemeinsam geht's immer leichter

So fängt's an:

Legt Malstifte oder Holzzylinder als kleine Walzen oder Räder unter die Kufen. Drei Stück pro Kufe sollten es sein: vorn, hinten und in der Mitte. Zwei weitere Walzen kommen links und rechts vor den Schlitten.

So geht's weiter:

Legt das kranke Stofftier sachte auf den Schlitten und zieht den Schlitten langsam und vorsichtig über die Stifte. Bitte gebt acht, dass sich niemand die Finger unter dem Schlitten einklemmt und dass das Stofftier nicht herunterfällt!

Und das passiert:

Der Schlitten bewegt sich sehr leicht. Er rollt auf den Walzen wie auf Rädern. Dabei müssen die hinten frei werdenden Walzen immer wieder nach vorn geholt und dort vor den Schlitten gelegt werden, damit er weiter darübergleiten kann.

Das steckt dahinter:

Der Schlitten gleitet auf Walzen viel leichter über den Boden, als wenn man ihn über den Boden ziehen müsste. Die Walzen vermindern die Reibung zwischen Schlitten und Boden, denn die Kufen liegen nur an wenigen Punkten und nicht mehr auf ganzer Länge auf.

Deshalb ist es interessant:

- Das Verschieben eines Gegenstands wird durch die Reibung erschwert. Sie wirkt an den Flächen, mit denen der Gegenstand den Boden berührt.
- Ein Walzenlager ist ein Trick, um schwere Gegenstände leicht verschieben zu können. Denn durch das Unterlegen von Walzen wird die Berührungsfläche zwischen Gegenstand und Boden verkleinert. Dadurch verringert sich die Reibung.
- Jedes Rad ist vom Prinzip her eine kurze Walze, nur dass das Fahrzeug (etwa ein Auto) nicht auf der Walze liegt, sondern zwischen den Walzen befestigt ist. Alle Raupenfahrzeuge nutzen übrigens ebenfalls Walzenlager. Die Kette ist ein fester Untergrund, der ständig von hinten nach vorne gebracht wird. Das Fahrzeug rollt mit Walzen auf dieser Kette entlang.

Für ganz Wissbegierige:

Schon in der Steinzeit haben unsere Vorfahren tonnenschwere Felsbrocken transportiert. Dazu legten sie Baumstämme längs hintereinander als eine Art Schiene auf den Boden. Die Steine selbst wurden auf einen Schlitten gebunden, der auf Holzrollen über die Schienen gezogen wurde. Das Ganze war zwar aufwendig, aber erstaunlich leichtgängig. Durch die Ausnutzung des Walzenlagerprinzips schafften also bereits unsere Ahnen Dinge, die sie mit bloßer Kraft nie hinbekommen hätten.

Auch heute werden vielerorts Walzenlager eingesetzt. So werden auf Flughäfen mitunter anstelle von Transportbändern Rollbänder verwendet. Dabei gleiten die Gepäckstücke ziemlich flott über eine Vielzahl von Rollen, sogar um die Ecke. Auch an manchen Supermarktkassen kommen solche Transportrollen zum Einsatz. Und bei Umzügen: Möbelrücken geht nämlich ganz leicht, wenn der Schrank, das Klavier oder die Waschmaschine auf Möbelrollen gesetzt werden. Darauf gleiten sie dann fast mühelos über den Boden.

Tipp:
Probiere einmal aus, was noch alles wie ins Rollen gebracht werden kann. Und welche Gegenstände sich als Rolle eignen: Zahnstocher, Buntstifte, Schaschlikspieße, Mikadostäbe, runde Batterien, Kerzen, Spaghetti und Makkaroni, Salzstangen ...

Ein liebestoller Drache

Expeditionen sind aufregend. Sie enden immer woanders, als sie anfangen. Dieser Weg führte die kleinen Forscher schnurstracks den Berg hinauf, auf dessen Gipfel die imposante Burg Drachenfels thronte. «Kommt schnell rein, wir erwarten gleich den Drachen», riefen die Bewohner den kleinen Forschern zu und zogen eilig die Brücke hoch. «Habt ihr ihn zum Abendessen eingeladen?», fragte Karla. «Von wegen, er kommt jeden Tag und macht ein Riesenspektakel, um Burgunde, unserem Burgfräulein, zu imponieren. Verliebte Drachen sind gefährlich!» Da hörten sie es flattern und blickten auf: Ein wunderschöner, glühend roter Drache kam angeflogen und setzte sich vor das

Burgtor. Ohne Umschweife begann er mit seinem imposanten Flammenspiel. Alle begannen mächtig zu schwitzen, als er seine Feuerfontänen auf die Burg richtete. Und alle hatten Angst, der Drache könnte dabei die Burg anzünden.

«Sollen wir euch helfen, den Drachen zu verjagen?», fragte Vincent die Burgbewohner. «Wie denn, du bist doch noch ein Kind und kannst kein Schwert halten», entgegneten die. Karla sprang Vincent zur Seite. «Aber sein Verstand ist schärfer als jedes Schwert», sagte sie. Da die Burgbewohner schon alles versucht hatten, willigten sie ein. Früh am nächsten Morgen begannen sie mit der Arbeit. Nach den Angaben von Vincent wurden zwei stabile Bleche aufeinandergelegt und an der Stelle befestigt, wo der Drache sich immer niederließ.

Auch an diesem Tag kam der Feuerdrache pünktlich und machte erneut ein Riesentheater. Bei der ersten Feuerfontäne wurden die Bleche unter ihm warm. Bei der zweiten begannen die Bleche, sich nach unten zu biegen. Und bei der dritten verlor der Drache das Gleichgewicht und rutschte in den Burggraben. Es zischte laut, Dampfwolken stiegen empor. Ein klatschnasser Feuerdrache flog schlammbedeckt und beschämt davon. Am meisten bedankte sich Burgfräulein Burgunde bei den kleinen Forschern, die nun nicht mehr fürchten musste, dem Drachen zur Besänftigung ausgeliefert zu werden.

Hast du eine Ahnung, wie die kleinen Forscher den Drachen durch die Bleche in den Burggraben haben plumpsen lassen? Probier es aus!

Du brauchst:

- 1 Blatt Papier (z. B. Notizzettel)
- Aluminiumfolie
- Klebstoff
- 1 Kerze
- 1 Erwachsenen

Bimetall 65

So fängt's an:

Du streichst das Blatt Papier dünn, aber komplett mit Klebstoff ein. Dann legst du die Aluminiumfolie darauf und streichst sie glatt. Sie sollte möglichst keine Falten haben.

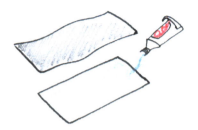

So geht's weiter:

Warte bitte drei Stunden, bis der Klebstoff ganz getrocknet ist. Geduld gehört eben zur Wissenschaft dazu! Dann schneidest du einen fingerdicken Streifen von dem Aluminiumpapier, also dem mit Aluminiumfolie beklebten Papier, ab. Den Streifen hältst du mit viel Vorsicht über eine Kerzenflamme, und zwar mit der Aluminiumfolie nach unten. Halte dabei zwei Handbreit Abstand zur Flamme!

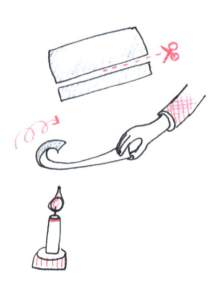

Und das passiert:

Augenblicklich beginnt der Streifen sich nach oben zu biegen. Ist er lang genug, kringelt er sich sogar. Legst du ihn beiseite, streckt er sich mit der Zeit wieder gerade.

Mach dieses Experiment bitte nur zusammen mit einem Erwachsenen. Achte darauf, dass du vorsichtig mit der Kerzenflamme umgehst und den Streifen nicht zu dicht über sie hältst. Schließlich ist auf der Oberseite Papier, das Feuer fangen kann. Verfärbt sich das Papier, ist das ein Zeichen dafür, dass der Streifen zu heiß geworden ist.

Das steckt dahinter:

Aluminium dehnt sich bei Wärme stärker aus als Papier. Deshalb braucht die Folie mehr Platz als das Papier, wenn sie sich ausdehnt. Da sie fest auf dem Papier klebt, kann sie nicht an ihm entlangrutschen, sondern zwingt das Papier zu einer Krümmung. Wie bei der Kurve einer Rennbahn ist die Strecke auf der Innenseite, wo das Papier liegt, kürzer als auf der Außenseite, wo das Aluminium ist. Erkaltet die Aluminiumfolie, zieht sie sich zusammen, und der Streifen wird wieder gerade. Das kann beliebig oft geschehen, denn das Aluminium verbraucht sich dabei nicht.

Deshalb ist es interessant:

- Alle Stoffe – Gase wie Luft, Flüssigkeiten wie Wasser und feste Gegenstände wie Metall – dehnen sich aus, wenn sie erwärmt werden. Je stärker sie erwärmt werden, desto mehr dehnen sie sich aus.
- Verschiedene Stoffe dehnen sich bei Erwärmung unterschiedlich stark aus.
- Fügt man zwei verschiedene Stoffe zusammen, krümmen sie sich beim Erwärmen, da sie sich unterschiedlich stark ausdehnen wollen. Das Prinzip kann man nutzen, um ein Thermometer zu bauen. Meist fügt man dazu zwei unterschiedliche Metalle zusam-

men, da sie länger halten (Papier reißt leicht, und die Alufolie ist sehr dünn). Dann hat man ein sogenanntes Bimetall («Bi» heißt «zwei»). Ein Bimetall kann sich beim Erhitzen auch zu einem Schalter hin biegen und diesen drücken, wenn eine bestimmte Temperatur erreicht ist. Das ist dann ein Thermostat, der verhindert, dass ein Gerät zu heiß wird.

Für ganz Wissbegierige:
Die guten alten Küchenthermometer haben in ihrer Mitte eine Spirale – aus einem Bimetall. Je wärmer es ist, desto mehr kringelt sich die Spirale und dreht den Zeiger. Viele Thermometer funktionieren auf diese simple Art und Weise.

Bimetalle geben aber auch einfache und robuste Schalter in Thermostaten ab, welche die Temperatur regeln. Beim Bügeleisen etwa hört man es klicken, wenn die Heizlampe erlischt – dann hat das Bimetall den Stromkreis unterbrochen, damit das Bügeleisen nicht zu heiß wird und durchschmort. Ist die Temperatur zu gering, schaltet das Bimetall den Strom wieder an, und das Bügeleisen heizt sich wieder auf – bis es erneut ausgeschaltet wird. So hat das Bügeleisen nie eine konstante Temperatur, sondern pendelt immer zwischen zwei Temperaturgrenzen hin und her.

Tipp:
Überlege einmal, wo überall ein «Bimetall» auf die Temperatur aufpassen könnte: Außenthermometer, Backofen, Bügeleisen, Fritteuse, Heizkörperventil, Kaffeemaschine, Kühlschrank, Spülmaschine, Toaster, Waschmaschine, Wasserkocher …

68   Bimetall

Der Drache wird kuriert

Jeder fühlt sich einmal schwach. Das geht auch den ganz Starken so, selbst Drachen.

Erstaunlicherweise war der Abstieg von der Burg Drachenfels anstrengender als der Aufstieg. Weiter unten wurden die kleinen Forscher belohnt von einem lieblichen Tal mit saftigem Grün und herrlichen Blumen. Sie hatten gerade jeder einen Riesenblumenstrauß gepflückt, als sie ein jämmerliches Hüsteln hörten. Hinter einem Felsen schleppte sich der Drache hervor, der vorgestern noch so verliebte Feuerfontänen gespuckt hatte. Sein glühend roter Glanz war einem matschigen Orange gewichen. Um den Hals hatte er sich einen langen Schal geschlungen. Dauernd musste er husten. «Das ist alles eure Schuld», sagte der Drache mit dünner Stimme. «Tut uns leid, aber du hast da oben so einen Rabatz gemacht, da mussten wir helfen», sagte Vincent. «Aber dir wollen wir auch helfen», bot Luisa an, «wenn du versprichst, vernünftig zu sein und die Burg in Frieden zu lassen.» «Ich verspreche alles, wenn ihr mir helft», versicherte der Drache.

Die kleinen Forscher kramten lange in ihren Rucksäcken. Schließlich hatten sie alle Hustenbonbons zutage gefördert. Insgesamt eine Einkaufstüte voll. «Und jetzt bitte den Mund auf», befahl Karla dem Drachen. Der schüttelte den Kopf. «Pillen kriege ich nicht runter.» – «Dann müssen wir sie eben auflösen», sagte Karla und sah sich um. Weit und breit gab es keine Quelle, nur einen Teich da vorn. «Dann nehmen wir halt den», beschloss sie. Die kleinen Forscher schütteten die Bonbons in den Teich und schärften dem Drachen ein, einen Tag zu warten und dann den Teich auszutrinken. Der Drache nickte müde. «Löst sich das denn alles bis morgen auf?», fragte Vincent. «Gewiss», sagte Karla, «zu Hause zeig ich's dir.»

Am nächsten Tag vernahmen die kleinen Forscher von ferne ein lautes Jodeln. «Unsere Medizin hat gewirkt», stellte Luisa fest, hielt sich aber lieber die Ohren zu.

Dann ließ sich Vincent von Karla zeigen, wie sich etwas in Wasser auflöst. Machst du mit? Dann aber bitte nicht mit Hustenbonbons, sondern einfach mit Zucker.

Du brauchst:
- 1 flachen weißen Essteller
- 1 kleinen Teller
- 1 Stück Würfelzucker
- ein paar Tropfen Tinte aus einer Tintenpatrone
- 1 Pinzette
- Wasser

So fängt's an:

Du tränkst 1 Stück Würfelzucker mit Tinte, bis es fast vollständig eingefärbt ist. Mach das bitte auf einem kleinen Teller, damit es auf dem Tisch keine Flecken gibt. Drück am besten aus einer Tintenpatrone 2 bis 3 Tropfen Tinte heraus und lass sie auf das Zuckerstück fallen, das die Tinte aufsaugt. Anschließend gibst du dem Zuckerstück etwas Zeit zum Trocknen.

So geht's weiter:

Jetzt füllst du den großen Essteller randvoll mit Wasser und legst das Zuckerstück mit der Pinzette vorsichtig in die Mitte. Gib dabei bitte acht, dass der Teller ganz ruhig steht und niemand am Tisch wackelt!

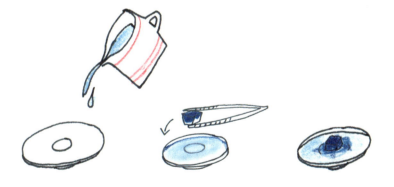

Lösung

Und das passiert:

Ab jetzt kannst du zusehen, wie sich der Zucker auflöst. Wie bei einem Stern bewegen sich farbige Strahlen vom Zuckerstück weg nach außen. Nach einigen Stunden hat sich das gesamte Wasser blau gefärbt, und das Würfelzuckerstück ist verschwunden.

Das steckt dahinter:

Zucker löst sich in Wasser auf. Logisch! Doch das ist normalerweise nicht zu sehen, da Zuckerlösung farblos ist. Erst mit Hilfe von Tinte wird sichtbar, dass sich der Zucker schnurstracks nach außen bewegt. Deswegen auch das strahlenförmige Muster.

Stoffe haben das Bestreben, sich gleichmäßig zu verteilen. Das ist hier sehr gut zu beobachten: Die Zuckerlösung wandert von dort, wo am meisten Zucker ist (Zuckerstück) dorthin, wo am wenigsten Zucker ist (Tellerrand). Mit der Zeit verteilt sich der Zucker gleichmäßig im gesamten Wasser. Als Zeichen dafür färbt sich das gesamte Wasser gleichmäßig blau.

Deshalb ist es interessant:

- Zucker löst sich in Wasser auf. Dabei wird der Zucker flüssig und vermischt sich mit dem Wasser. Man sagt dazu, «er geht in Lösung». Dass er immer noch da ist, merkst du, wenn du das Wasser probierst – es schmeckt süß!
- Beim Auflösen verteilt sich der Zucker vom Ort der höchsten Konzentration zum Ort der niedrigsten Konzentration. Also von dort, wo viel ist, nach dort, wo wenig ist. Der Lösungsvorgang ist zu Ende, wenn im Wasser überall gleich viel Zucker ist.
- Mit Tinte als Farbstoff wird für uns sichtbar, wie sich Zucker in Wasser löst. Tinte spielt dabei die Rolle eines «Indikators». Dieser Anzeigestoff heftet sich an den Zucker und bewegt sich sozusagen «huckepack» mit dem Zucker.

Für ganz Wissbegierige:

Dass sich Stoffe von allein mischen, liegt an der sogenannten Brown'schen Bewegung der Teilchen. Alle kleinsten Teilchen, aus denen unsere Welt besteht, sind niemals ganz ruhig, sondern wackeln und zittern ständig ein bisschen. Befinden sie sich in Flüssigkeiten oder Gasen, stoßen sie sich gegenseitig an und bewegen sich mit der Zeit fort. Dabei trachten sie danach, sich gleichmäßig zu verteilen. So kommt es, dass sich Geruch ausbreitet, Lösungen mischen und Gase sowie manche Feststoffe in Flüssigkeit lösen. Das ist für uns lebenswichtig. Nur so kommt in der Lunge Sauerstoff aus der Atemluft freiwillig ins Blut, nur so kann Kohlendioxid beim Ausatmen an die Luft abgegeben werden. Dabei wandert oder «diffundiert» Sauerstoff in den Lungenbläschen aus der sauerstoffreichen Atemluft in das sauerstoffarme Blut. Umgekehrt wandert Kohlendioxid aus dem kohlendioxidreichen Blut in die kohlendioxidarme Luft in der Lunge.

Schon ein Blick in den Himmel zeigt, wie und wo Diffusion überall stattfindet: Die Kondensstreifen der Flugzeuge sind nach einiger Zeit verschwunden – sie haben sich «in Luft aufgelöst».

Dass sich viele Flüssigkeiten und Gase von selbst gleichmäßig verteilen und mischen, ist eine tolle Sache. Würde Sauerstoff etwa nicht von allein durch Fenster, Türen und Ritzen in die Wohnung kommen, wenn wir den Sauerstoff in den Räumen durch Atmen verbraucht haben, könnten wir glatt zu Hause ersticken.

Ein guter Indikator, wie schnell sich Gerüche ausbreiten, sind Haustiere wie Hund und Katze mit ihrem empfindlichen Geruchssinn. Wenn man in ihrer Nähe etwas Leckeres versteckt, kann man merken, wie die Tiere schon nach kurzer Zeit zu schnüffeln beginnen, dem Geruch nachgehen und schnell die Quelle gefunden haben. Mahlzeit!

Lösung 73

Tipp:

Probiere verschiedene Tintenfarben aus: Rot, Grün, Blau, Schwarz. Mit welcher Farbe ist die Auflösung des Zuckers am besten zu beobachten?

Du kannst auch mehrere Zuckerstücke, gerne mit unterschiedlichen Farben, ins Wasser legen. Dabei sollten sie untereinander Abstand haben. Drei Zuckerstücke sollten ein Dreieck, vier ein Viereck auf dem Teller bilden.

Versuche es statt mit Wasser einmal mit Milch. Wie sieht die Auflösung von einem oder mehreren gefärbten Zuckerstücken darin aus?

Drachenspiele

Um sieben Uhr früh wurden die kleinen Forscher von lautem Klackern geweckt. Karla war als Erste am Fenster und peilte die Lage. «O nein, diese Nervensäge!», rief sie. Der Lärm stammte von keinem anderen als dem Feuerdrachen, der – immer noch mit Schal – draußen kegelte. Karla zog sich an und trat zornig vors Haus, die anderen kleinen Forscher hingen in ihren Schlafanzügen in den Fenstern und warteten gespannt darauf, dass Karla dem Drachen die Leviten lesen würde. «Was denkst du dir dabei, hier aufzukreuzen, und dabei noch zu nachtschlafender Zeit!», stellte sie den Drachen zur Rede. «Ich... also... das war so... äh... ich dachte... na ja, weißt du...» – «Nichts weiß ich. Pack deine Murmeln ein und verschwinde. Du nervst!»

Plötzlich stutzte Karla. Es waren gar keine Murmeln, sondern Drachenaugen, die auf dem Boden herumkullerten. Glühend rote, die ganz gefährlich aussahen, sanftere in Grün, giftig-gelbe und unergründlich tiefbraune. Karla sah dem Drachen ins Gesicht. Harmlose blaue Augen starrten sie ängstlich an. «Was hast du mit deinen Augen gemacht?», fragte Karla. «Gestern waren sie doch knallrot!» «Ach so, das meinst du. Ich kann sie auswechseln, je nach Lust und Laune und Geschmack und Wetter-

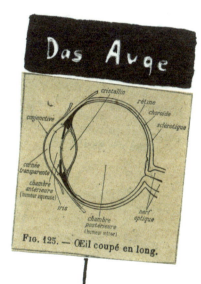

lage. Praktisch, was? Für euch habe ich heute extra meine blauen angezogen. Das sind die freundlichsten, die ich habe», sagte der Drache. «Und mit den anderen kegelst du derweil in der Gegend herum und störst uns beim Schlafen.» Der Drache nickte. «Meine Augen müssen ja feuerfest sein, deshalb kann man gut mit ihnen spielen. Sie gehen nie kaputt.»

Schon etwas milder gestimmt, schaute Karla dem Drachen beim Kegeln zu. Der schob die Augen zu einer Reihe zusammen und pfefferte ein weiteres mit Schmackes dagegen, sodass hinten ein Auge wegflog. «Impulserhaltung!», rief Vincent vom Fenster. «Drachenspielchen!», rief Karla zurück, «der will doch bloß Eindruck machen.» Den ganzen Tag lang bollerte der Drache mit seinen Augen vorm Haus herum. Die kleinen Forscher schauten interessiert zu und lernten eine Menge.

Ist dir schon aufgefallen, dass Glasmurmeln aussehen wie Drachenaugen? Dann kegel doch einfach mit!

Du brauchst:
- 2 Trinkhalme mit Knick
- 1 Blatt Papier
- Klebstoff
- etwa 6 gleich große Murmeln

So fängt's an:
Du klebst die zwei Knick-Trinkhalme nebeneinander auf ein Blatt Papier. Sie sollten etwas weniger als einen Zentimeter Abstand voneinander haben. Warte ab, bis der Klebstoff richtig getrocknet ist.

So geht's weiter:

Jetzt knickst du von den zwei Trinkhalmen die kurzen Enden mit dem Papier daran schräg nach oben. Auf die langen, flachen Enden legst du einige Murmeln dicht hintereinander, sodass sie sich berühren. Eine weitere Murmel hältst du oben auf das schräge Ende und lässt sie los.

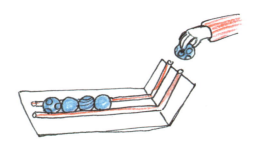

Und das passiert:

Wie zu erwarten, rollt die Murmel nach unten und prallt dort gegen die anderen Murmeln. Dabei stoppt sie, während am anderen Ende eine Murmel wegrollt.

Das steckt dahinter:

Die ankommende Murmel ist einen kleinen Berg heruntergerollt. Dabei hat sie Schwung bekommen. Wenn sie auf eine andere Murmel trifft, stößt sie diese an. Dabei schenkt sie ihr den gesamten Schwung. Weil sie dann selber keinen Schwung mehr hat, bleibt sie stehen. Die angestoßene Murmel stößt eine weitere an und schenkt ihr den Schwung. Zum Schluss bekommt die letzte Murmel den Schwung geschenkt, und weil sie gegen keine andere Murmel mehr stößt, rollt sie fort. Das alles geschieht so schnell, dass man nur sieht, wie die ankommende Murmel stehen bleibt und die letzte Murmel wegrollt.

Deshalb ist es interessant:

- Dieser einfache Versuch zeigt die sogenannte Impulserhaltung beim Stoß. Der Impuls, also der Schwung, den ein Körper wie zum

Impuls

Beispiel eine Kugel hat, geht beim Aufprall nicht verloren, sondern wird an einen anderen Körper weitergegeben.

- Weil die Kugeln sich beim Aufeinanderprallen nicht verformen, spricht man von einem «elastischen Stoß».
- Wären die Murmeln Kugeln aus weichem Knetgummi, würde die herabrollende Kugel mit der ersten zusammenstoßen. Beide hätten danach eine Delle, aber viel mehr würde nicht passieren. Hier handelt es sich um einen «unelastischen Stoß», weil sich die Körper beim Zusammenprall verformen.

Für ganz Wissbegierige:

Gäbe es bei Autounfällen nur elastische Stöße, blieben alle Autos heil und das Auto, auf das der Unfallverursacher auffährt, würde unsanft weggeschubst. Tatsächlich sind Autokarambolagen aber unelastische Stöße, denn die Autos werden verformt. Der Schwung des Autos wird beim Zusammenprall in Energie umgewandelt, die Karosserie und Blech verbiegt. Ein solcher Schaden ist zwar schlecht fürs Auto, in der Regel aber gut für die Insassen. Wenn das Auto alle Stoßenergie aufnimmt, sind sie davor geschützt.

Ein gutes Beispiel für elastische Stöße ist das Billardspiel, bei dem eine Kugel stehen bleibt, wenn sie auf eine andere trifft. Dafür bewegt sich die angestoßene Kugel fort. Sie übernimmt die Geschwindigkeit von der ersten Kugel. Dazu müssen beide Kugeln gleich groß und gleich schwer sein. Sogar beim Kegeln ist das Phänomen zu beobachten, wenn von vorn eine Kugel angerollt kommt, auf die wartenden Kugeln aufprallt und ihren Schwung bis zur vordersten Kugel weitergibt, die sich von den anderen löst und wegrollt.

Ein beliebtes Spielzeug, das die Impulserhaltung auf unterhaltsame Weise umsetzt, ist das «Newton'sche Kugelpendel», das auch «Newtons Wiege» genannt wird. Hier liegen die Kugeln nicht auf Trinkhalmen, sondern hängen an Fäden hintereinander. Wird eine Außenkugel ausgelenkt und losgelassen, stößt sie auf die anderen Kugeln, die

78   Impuls

dann die Außenkugel auf der gegenüberliegenden Seite wegstoßen, diese fällt zurück und so weiter. In der Tat wird man schläfrig, wenn man längere Zeit zuschaut ...

Tipp:
Dieser Versuch funktioniert hervorragend mit gleich großen Murmeln. Was aber passiert, wenn die Murmeln verschieden groß und damit verschieden schwer sind? Probier es aus!

Erste Hilfe

Drachen sind anhänglich. Erst recht, wenn sie erkältet sind. Auch am folgenden Tag war der Drache da. Den ganzen Vormittag lag er vorm Haus und schlief. Das tat er ziemlich laut. Dann begann er erneut mit dem Kegeln. «Nicht schon wieder», rief Luisa genervt, «fällt dir nichts anderes ein?» Der Drache war beleidigt. Schmollend lutschte er an einem grünen Drachenauge. Da passierte es: Der Drache verschluckte sich, und das Auge blieb ihm im Rachen stecken. Der Drache guckte erst ganz entgeistert, dann fiel er um. «Zu Hilfe», rief Luisa, und die kleinen Forscher scharten sich um das leblos wirkende Ungetüm. «Er atmet nicht mehr», stellte Vincent als Erster fest, «wir müssen ihn künstlich beatmen!»

Während die anderen sich noch fragten, wie sie das bewerkstelligen sollten, ohne dem Drachen den Kopf ins Maul zu stecken, war Vincent schon weg und kehrte mit einer Fahrradpumpe zurück. «Drückt ihm die Zunge ins Maul, damit die Luft dort nicht wieder herauskommt», befahl er. Während sich zehn kleine Forscher gegen die Zunge stemmten, setzte Vincent die Fahrradpumpe an die Nase und pumpte gleichmäßig. Allmählich hob und senkte sich der Bauch des Drachen wieder, und seine Drachenhaut erhielt langsam ihre alte Farbe zurück. Endlich schlug der Drache seine blauen Augen auf, hustete furchtbar und spuckte sein Auge aus. «Na, das ist ja gerade noch einmal gutgegangen», sagte Karla erleichtert.

Unterdessen zischte Luisa Vincent an. «Du mit deiner Pumpe, du hättest ihn umbringen können. Wenn du zu doll gepumpt hättest, wäre seine Lunge geplatzt!» «Keine Angst», erwiderte Vincent, «das geht gar nicht so schnell, wie du denkst. Komm mal mit.»

Mit einem Luftballon und einer Flasche erklärte Vincent, warum eine Drachenlunge nicht so leicht platzen kann. Mach doch einfach mit!

Du brauchst:
- 1 Luftballon
- 1 leere Flasche

So fängt's an:
Du stopfst den Luftballon in die Flasche, lässt aber die Tülle oben herausschauen. Dann ziehst du die Tülle über die Flaschenöffnung, sodass der Luftballon die Flasche fest verschließt, aber in ihr drinhängt.

So geht's weiter:
Jetzt versuchst du, den Luftballon in der Flasche aufzupusten.

Und das passiert:
Das wird nicht klappen. Der Luftballon zappelt zwar etwas in der Flasche herum, aber er macht keine Anstalten, sich zu vergrößern.

Das steckt dahinter:

Die «leere» Flasche, in welcher der Luftballon hängt, ist ja gar nicht leer, denn sie ist voller Luft. Diese Luft füllt die Flasche vollständig aus und macht keine Anstalten, noch mehr Luft hineinzulassen, als ohnehin schon drin ist. Mit anderen Worten: Sie setzt allen Bemühungen, den Luftballon aufzupusten, Widerstand entgegen. Genauso geschieht es in der Drachenlunge: Erst wenn sich der Brustkorb des Drachen vergrößert, ist mehr Platz für die Luft – und dafür muss Vincent schon sehr kräftig mit der Luftpumpe pumpen!

Deshalb ist es interessant:

- In eine (mit Luft) gefüllte Flasche passt nichts zusätzlich hinein. Soll doch etwas hinein, müsste die Flasche sich ausdehnen.
- Wenn wir atmen, bewegen wir unser «Zwerchfell», das fest im Körper eingebaut ist. Das Zwerchfell ist ein Muskel und bildet eine Platte, die waagerecht etwa in der Mitte unseres Rumpfes liegt. Bewegt es sich nach unten, füllt sich die Lunge mit Luft. Das ist die Bauchatmung, die wir spüren, wenn wir ganz tief Luft holen und unsere Lunge bis ganz unten mit frischer Luft füllen. Im Modell wäre es so, als ob der Flaschenboden nach unten gezogen wird. Dann könnte Luft in den Ballon einströmen.
- Neben der Bauchatmung gibt es die Brustatmung. Auch der Brustkorb wird beim Atmen weiter, dadurch kann mehr Luft in die Lunge strömen. Das ist so, als ob die Wände der Flasche etwas nach außen gedehnt würden.

Für ganz Wissbegierige:

Wir müssen aus zwei Gründen atmen: Beim Einatmen wird aus der Luft Sauerstoff (chemisches Zeichen: «O_2») aufgenommen. Der Sauerstoff ist notwendig, damit wir aus der Nahrung Energie gewinnen können. Bei dieser Energiegewinnung entstehen aber auch Abfallprodukte, wie zum Beispiel ein weiteres Gas, das

Kohlendioxid (chemisches Zeichen: «CO_2»). Zu viel Kohlendioxid ist für uns giftig, deshalb wird es beim Ausatmen wieder aus dem Körper geblasen.

Im Inneren der Lunge, an den sogenannten Lungenbläschen, geht der in der Luft enthaltene lebensnotwendige Sauerstoff in das Blut über. Sie bilden eine «atmungsaktive» Oberfläche von rund 100 m² – das ist größer als die Fläche vieler Wohnungen. Zum Vergleich: Die Körperoberfläche eines Erwachsenen, also die Haut, beträgt dagegen knapp 2 m²! Nur so lässt sich in kurzer Zeit rund ein Viertel des Sauerstoffs aus der Luft filtern.

Wie kann die doch kleine Lunge so eine große Oberfläche haben? Sie ist innen nicht glatt oder eben, sondern ganz fein gerillt. Vorstellen kann man sich das im Supermarkt am Gemüsestand beim Vergleich eines Salatblattes mit einem Blatt vom Wirsingkohl: Das Salatblatt ist ganz glatt und eben, das Blatt vom Wirsingkohl uneben wie ein Gebirge, wodurch es eine größere Oberfläche hat.

Tipp:
Wie oft atmet ein Mensch? Miss einmal, wie viele Atemzüge du in der Minute machst. Ein fünfjähriges Kind atmet in Ruhe etwa 20 bis 30 Mal, ein Säugling 40 bis 50 Mal, Erwachsene dagegen nur 12 bis 20 Mal in der Minute. Vielleicht hast du die Gelegenheit, ein Baby beim Schlafen zu beobachten und seine Atemzüge zu zählen.

Interessant ist auch, wie viel Luft wir ein- und ausatmen. Hier kann dir ein Luftballon helfen, in den du beim Ausatmen reinpustest. Wie schnell wächst er?

Ritterspiele

Zu jedem Drachen gehört ein Ritter. Mindestens. Das merkten die kleinen Forscher schnell. «Kommt heraus, ihr seid umzingelt!», rief es von draußen. Gleichzeitig wurde unsanft gegen die Haustür geklopft. «Auweia», stellte Karla fest, als sie aus dem Fenster schaute. «Ein kampfeslustiger Ritter fordert uns heraus.» Das Haus der kleinen Forscher trat unruhig von einem Bein aufs andere. «Das soll er nur versuchen!» Vincent sprang mit einem Satz aus dem Bett und in seine Hose. «Mach nicht so einen Lärm, olle Konservendose», rief er dem Ritter aus dem Fenster zu und rannte zur Tür. Wenn Vincent nicht ausschlafen konnte, war er ungenießbar. Pech für den Ritter. Vincent öffnete die Tür und fuhr den Ritter an: «Was willst du? Was soll das? Was fällt dir ein?» – «Wo ist das Drachenuntier? Es muss sterben!» Der Drache

hatte den Ritter schon kommen gesehen und sich rechtzeitig hinter dem Haus verkrochen. «Niemand muss hier sterben», antwortete Vincent. «Zieh deine Schuhe aus, tritt dir die Füße ab und komm rein, Blechbüchse.» Verwirrt tat der Ritter, was von ihm verlangt wurde. «Hast du Lust auf Ritterspiele?», fragte Vincent. «Dann zeig uns deinen wahren Geist und komm mit in die Küche.» Der Ritter folgte verdattert. Seine Rüstung quietschte bei jeder Bewegung, sodass Berleburg aufjaulte, die Ohren anlegte und mit eingezogenem Schwanz das Weite suchte.

Am Spülbecken angekommen, forderte Vincent den Ritter heraus. «Es ist ein rauschender Bach, doch es klappert keine Mühle daran. Es sind zwei Löffel, doch es ist keine Suppe darin. Was ist das?» Der Rit-

Sogwirkung 85

ter war bass erstaunt und faselte etwas von Hasenohren und Müllers Mühle, blieb aber eine richtige Antwort schuldig. «Mit anderen Worten, du weißt es nicht. Du willst ein Ritter sein und kannst mein Rätsel nicht lösen? Wie willst du dann erst einen schrecklichen Drachen besiegen?» Der Ritter begann zu stammeln. Die Situation war ihm sehr, sehr peinlich. Erst recht vor all den Kindern. Schließlich hatte Luisa Mitleid mit ihm. «Vincent, nun verrate ihm schon die Lösung, bevor er verrostet.» «Na gut», sagte Vincent und holte zwei Esslöffel aus der Besteckschublade.

Wenn du wissen willst, was Vincent dem Ritter jetzt zeigte, dann mach einfach mit.

Du brauchst:
- 2 Esslöffel
- 1 Wasserhahn

So fängt's an:
Dreh den Wasserhahn am Spül- oder Waschbecken kräftig auf.

So geht's weiter:
Halte mit Daumen und Zeigefinger jeder Hand locker einen Löffel, sodass sie sich bewegen, also baumeln können. Beide Löffel hältst du mit dem Bauch zueinander, sodass sie einen Fingerbreit Abstand haben. So hältst du die Löffel etwa in die Mitte des Wasserstrahls.

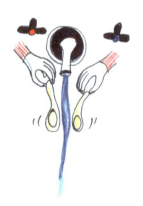

Und das passiert:
Die Löffel beginnen zu klappern! Sie schwingen schnell hin und her und stoßen dabei mit ihren Metallbäuchen aneinander.

Das steckt dahinter:

Wasserströmung erzeugt einen Sog. Den kannst du in der Badewanne am Abfluss spüren, wenn du den Stöpsel herausziehst. Hier saugt die Wasserströmung die beiden Löffel an, weil zwischen ihnen eine enge Stelle ist. Dabei stoßen die Löffel lautstark zusammen und versperren dem Wasser den Weg. Weil der Wasserstrahl zwischen den Löffeln jetzt unterbrochen ist, hört der Sog auf, und die Löffel gehen wieder auseinander. Nun kann das Wasser wieder zwischen ihnen hindurchströmen, und das Spiel beginnt von Neuem.

In der Flüssigkeit Wasser stehen die einzelnen Wasserteilchen ganz eng zusammen. Fließendes Wasser erzeugt deshalb einen starken Sog, der noch einmal durch die runde Form der Löffel verstärkt wird. Auch Luft kann einen Sog erzeugen, dieser ist allerdings schwächer, weil die Luftteilchen wie bei allen anderen Gasen nicht so eng beieinander stehen.

Deshalb ist es interessant:

- Alle Flüssigkeiten und Gase üben einen Sog aus, wenn sie strömen.
- Weil der Sog des Wassers die Löffel aneinanderzieht, sorgt er dafür, dass die Wasserströmung unterbrochen wird.
- Je schneller das Wasser fließt, desto größer ist der Sog. Aber auch wenn mehr Wasser fließt, wird der Sog größer.

Für ganz Wissbegierige:

Die Sogwirkung von und in Wasser kann sehr gefährlich sein. Aus diesem Grund müssen im Schwimmbad die Wasserabläufe mit einem Metallgitter abgedeckt sein. Wären die Abläufe offen und jemand geriete etwa mit dem Fuß in ihre Nähe, könnte das Körperteil mit dem Wasser in den Abfluss gesogen werden. Weil das Wasser umso schneller strömt, je näher es dem Abfluss kommt, zieht es den Fuß umso stärker mit sich, je näher er dem Abfluss rückt. Im

Sogwirkung 87

schlimmsten Fall könnte ein Mensch dadurch unter Wasser gezogen werden.

Auch Schiffe müssen einen Mindestabstand einhalten, wenn sie aneinander vorbeischwimmen, weil sie sonst durch den Wassersog zwischen ihnen zueinandergezogen würden und kollidieren könnten.

Tipp:
Probiere aus, mit welchen Gegenständen das Wasser noch klappert, wenn du sie unter den Wasserhahn hältst: Kochlöffel, Suppenkellen, Luftballons, …

Ein zünftiger Wettstreit

Der Ritter hatte den ganzen Tag lang mit den klappernden Löffeln gespielt, ordentlich mit Wasser gespritzt und dabei seine Rüstung ruiniert. Sie lag nun in der Ecke und rostete vor sich hin. Abends vertilgte er eine Hühnersuppe – mit beiden Löffeln gleichzeitig – und schlief dann in der Küche auf dem Boden ein. In der Nacht machte sich der Drache heimlich und auf Zehenspitzen davon. Der Ritter mit den Löffeln war ihm nicht geheuer.

Am nächsten Tag war der Ritter wieder gut in Fahrt. «Ob Knecht oder Knappe, ihr seid nicht von Pappe», sagte er anerkennend zu den kleinen Forschern. «Mich gelüstet nach weiteren Experimenten. Was habt ihr mir noch zu bieten?» «Ach», sagte Luisa, «da gewinnst du sowieso nicht.» Der Ritter lief rot an. «Bei meiner Ritterehre, ich

Ausleeren

schaffe alles, was ich mir vornehme!» Luisa drückte dem verdutzten Ritter eine Flasche in die Hand, griff sich selber auch eine und zog den Ritter mit zum Spülbecken. Sie füllte beide Flaschen mit Wasser voll und sprach feierlich: «Jetzt nimm die Flasche, Rittersmann, leer' er sie aus, so schnell er kann. Wenn du schneller bist als ich, glaube mir, dann staune ich.» Der Ritter tat, wie ihm geheißen, nahm die Flasche in die Hand, hielt sie über das Waschbecken und drehte sie um. Angestrengt sah er dem Wasser beim Auslaufen zu. Luisa indes steckte unauffällig einen Trinkhalm in ihre Flasche, und siehe da, sie war bereits leer, als die des Ritters noch halb voll war. Karla sah zu und musste so stark kichern, dass sie sich beide Hände auf den Mund presste, um nicht laut loszuprusten. Der Ritter versuchte es noch ein zweites und ein drittes Mal, doch Luisa hatte ihre Flasche immer viel schneller ausgeleert. Da raffte der Ritter mit großem Getöse seine Ritterrüstung zusammen und lief beschämt davon. «Den wären wir los», sagte Vincent froh, während Luisa ein bisschen ein schlechtes Gewissen hatte. Ritter können zwar gut kämpfen, haben aber von Wissenschaft keine Ahnung, dachte sie sich. Und so hatte er von vornherein keine Chance. Nicht einmal gegen Kinder.

Möchtest du erfahren, warum der Ritter keine Chance gegen die kleinen Forscher hatte? Dann probiere es selber aus.

Du brauchst:
- 1 durchsichtige Plastikflasche (0,5 l) voll Wasser
- 1 Knick-Trinkhalm
- 1 Waschbecken

So fängt's an:
Schütte probehalber eine volle Wasserflasche aus. Dazu stellst du dich ans Waschbecken und drehst die offene Flasche auf den Kopf. Beobachte ganz genau, was dabei passiert: Jedes Mal, wenn ein

Schwapp Wasser herausgekommen ist, wird der Wasserfluss unterbrochen, und in der Flasche steigt eine Luftblase nach oben. Das Leeren geht nur ruckweise vonstatten und dauert entsprechend lange.

So geht's weiter:
Jetzt nimmst du den Trinkhalm, knickst ihn ganz um, sodass eine «1» entsteht, und steckst ihn mit dem langen Ende in die Flasche. Nun drehst du die Flasche über dem Waschbecken auf den Kopf und lässt das Wasser herauslaufen. Dabei muss der Trinkhalm in der Flasche bleiben.

Und das passiert:
Das Wasser läuft in null Komma nix aus der Flasche heraus.

Das steckt dahinter:
Weil Luft in die Flasche hineinkommen muss, wenn Wasser herausfließen soll, müssen die beiden Stoffe ihre Plätze tauschen. Das geschieht normalerweise portionsweise und nach dem «Pingpong-Prinzip»: Wasser raus – Luft rein – Wasser raus – Luft rein und so weiter. Mit Hilfe des Trinkhalmes geschieht das gleichzeitig. Wasser und Luft tauschen ständig und gleichmäßig die Plätze, weil die Luft mit Hilfe des Trinkhalmes durch das Wasser geleitet wird.

Deshalb ist es interessant:
- Eine leere Flasche ist nicht «leer», denn eine «leere» Flasche ist voller Luft. Also tauschen wir beim Flascheleeren lediglich ihren Inhalt aus: Statt Wasser ist danach Luft in ihr.
- Völlige Leere, also ein Raum, wo gar nichts ist, kommt auf der Erde natürlicherweise nicht vor. Überall ist etwas. Wenn wir Menschen es nicht sehen können, weil es für unsere Augen durchsichtig ist, wie etwa Luft, sprechen wir gerne von «Nichts».

Ausleeren

- Das Wasser läuft nur aus der Flasche heraus, weil es schwerer ist als die Luft drum herum. Wenn es sich frei bewegen kann, läuft es gerne so weit nach unten wie möglich. Deshalb macht es der Luft in der Flasche Platz.

Für ganz Wissbegierige:
Ohne künstliche Hilfe kann man eine Flasche nicht leeren, ohne dass Luft hineinströmt. Nur mit einer sogenannten «Vakuumpumpe» ist es möglich, die Flasche zu «evakuieren», also alles (Wasser) herauszuholen, ohne dass im Austausch etwas (nämlich Luft) hineinströmt. Dann wäre in der Flasche tatsächlich «Nichts». Die Wissenschaftler sagen dann: In der Flasche ist ein Vakuum.

In der Natur kommt Vakuum nur im Weltraum vor. Künstlich ein Vakuum erzeugen können Menschen erst seit rund 350 Jahren. Allerdings würde eine Plastikflasche danach flach sein wie eine Flunder, eine Glasflasche liefe Gefahr, dabei zu zerbersten. Weil in der Flasche nichts mehr drin ist, setzt auch nichts dem äußeren Luftdruck, der von allen Seiten auf die Flasche drückt, mehr Widerstand entgegen. Ist dagegen Luft oder Flüssigkeit in der Flasche, drückt sie von innen gegen die Flaschenwand. So entsteht ein Kräftegleichgewicht zwischen dem Druck von innen und dem Druck von außen.

Tipp:
Veranstaltet zu mehreren einen kleinen Wettbewerb und messt die Zeiten, die ihr braucht, um eine Flasche mit Trinkhalm zu leeren. Vergleicht auch einmal die Zeiten, die eine Flasche mit und ohne Trinkhalme zum Auslaufen braucht. Mit Trinkhalm geht es rund doppelt so schnell!

Der Schatz im See

Über Nacht war das Haus der kleinen Forscher zu einem See gelaufen und hatte sich am Ufer niedergesetzt. Die Kinder jubelten über diese Idee, lobten das Haus und gingen noch vor dem Frühstück baden. Beim dritten Marmeladenbrötchen meinte Luisa plötzlich: «Ich finde den Schatz!» Vincent blieb das Ei fast im Halse stecken. «Welchen Schatz?» «Na, in jedem See liegt doch ein Schatz versteckt. Und den hebe ich. Wenn ihr mir helft.» Luisa blickte in die Runde und sah nur verblüffte Gesichter.

Als sie ihren Badeanzug angezogen hatte, griff sich Luisa die gelbe Plastikbadewanne und ging damit zum See. «Das ist meine Taucherglocke», erklärte sie. Vom Ufer aus verfolgten die kleinen Forscher, wie sie in den See schwamm, die Badewanne hinter sich herzog und schließlich über sich stülpte. «Wir müssen ihr helfen», sagte Karla und schlüpfte in ihre Badesachen. Da kam Luisa auch schon erfolglos mit der Wanne zurück ans Ufer. «Wir probieren es nochmal gemeinsam», rief Vincent, packte Berleburg und setzte sie auf die umgedrehte Wanne.

Taucherglocke 93

Bald trieb Berleburg ängstlich hinter den Kindern auf den See hinaus. Dort tauchte Luisa unter die Wanne, sodass ihr Kopf in der Wanne über dem Wasser und damit im Trockenen war. Es klang ziemlich hohl, als sie von dort aus rief: «Los jetzt!». Karla und Vincent kletterten vorsichtig auf die Badewanne, die unter ihrem Gewicht tiefer in das Wasser hineingedrückt wurde. Die wasserscheue Berleburg flüchtete sich auf Karlas Schultern. Die Wanne mit Luisa darunter war schon unter der Wasseroberfläche verschwunden. Doch als Berleburg nasse Pfoten bekam, war Feierabend. Sie kreischte so ohrenbetäubend, dass Karla und Vincent vor Schreck von der Wanne kippten. Berleburg rettete sich mit einem doppelten Salto in die Wanne, die plötzlich umgedreht neben der prustenden Luisa auf dem Wasser schaukelte. Zusammen schwammen sie ans Ufer, wo Berleburg mit einem Satz aus der Badewanne verschwand. Als Vincent vorschlug, das Heben des Schatzes erst einmal im Versuch zu erproben, willigte Luisa sofort ein.

Und so haben es die kleinen Forscher angestellt:

Du brauchst:
- 1 Schüssel mit Wasser
- 1 Überraschungsei bzw. den gelben Plastik-Innenteil eines Überraschungseis
- 1 Trinkglas
- Gummibärchen
- 1 sehr hübsche Murmel

So fängt's an:
Wirf eine Murmel in die Schüssel. Das ist der Schatz am Boden des Sees. Nimm eine Hälfte des Plastikeies und setze das Gummibärchen hinein. Setze die Eihälfte mit dem Gummibärchen darin aufs Wasser. Jetzt heißt es: abtauchen!

So geht's weiter:
Nimm das Glas umgekehrt in die Hand, also mit der Öffnung nach unten, und halte es über das Gummibärchen im gelben Boot. Dann drückst du das Glas ins Wasser, bis es am Boden aufstößt. Dabei sollte das Glas über der Murmel landen.

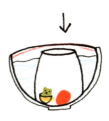

Und das passiert:
Mit dem Glas wird das Gummibärchen darin nach unten gedrückt, bis es am Grund ankommt. Dort kann es trockenen Fußes die Murmel schnappen und ins Boot legen. Anschließend geht es zurück nach oben, bis das Gummibärchen im Boot wieder auf dem Wasser schwimmt. Glückwunsch, die Schatzsuche war erfolgreich!

Das steckt dahinter:
Das scheinbar leere Glas ist nicht «leer», sondern voller Luft. Und wo ein Stoff ist, wie etwa Luft, kann kein anderer Stoff sein, in diesem Fall Wasser. Weil Luft leichter ist als Wasser und nach oben steigt, bleibt sie im Glas drin und läuft nicht nach unten aus.

Deshalb ist es interessant:
- Ein leeres Glas ist nicht «leer». Auch wenn es umgedreht ist, läuft die Luft darin nicht aus, sondern es ist nach wie vor «voll» – voll mit Luft.
- Luft ist leichter als Wasser. Deshalb ist die Luftschicht auf der Erde immer über dem Wasser, und deshalb drängt Luft unter Wasser immer zur Oberfläche (wenn du in der Badewanne pupst, kannst du beobachten, wie die Luftbläschen aufsteigen).
- Das umgekehrte Glas funktioniert wie eine «Taucherglocke». Weil es oben zu ist, kann die Luft unter Wasser nicht wie gewohnt entweichen, sondern bleibt im Glas gefangen. Und Wasser kann nicht eindringen, weil die Luft den Platz im Glas schon besetzt hat.

Für ganz Wissbegierige:

Die ersten Tauchgeräte waren Taucherglocken, die tatsächlich nach demselben Prinzip funktionieren wie ein umgekehrtes Glas: Eine Metallglocke wird ins Wasser gelassen, die Luft in ihr nimmt sie mit nach unten. Ein Mensch kann sich unter beziehungsweise in die Glocke stellen und – zumindest mit Kopf und Oberkörper – im Trockenen stehen und Luft atmen. Leider ist der Luftvorrat in der Glocke sehr begrenzt und die Gefahr groß, aufgrund Luftmangels unter Wasser ohnmächtig zu werden und zu ertrinken. Erst mit Hilfe von oben eingepresster Luft oder in Pressluftflaschen mitgeführter Luft kann länger unter Wasser gearbeitet werden. Noch heute werden etwa im Rhein Unterwasserarbeiten in Tauchkästen – einer Art großer Taucherglocken – vorgenommen. So kann der Rheingrund sozusagen trockenen Fußes betreten werden. Auf diese Weise können unter Wasser die Fundamente für eine Brücke im Trockenen gebaut werden.

Tipp:

Du kannst auch die Luft im «leeren» Glas sichtbar machen und zeigen, dass das Glas gar nicht leer ist: Lass den Kerzenrauch einer ausgepusteten Kerze in das umgedrehte Glas aufsteigen und drücke es anschließend schnell unter Wasser. Dann taucht ein nebliges Glas ab, was unter Wasser einen tollen Eindruck macht.

Das Haus hat Fußweh

Blasen an den Füßen sind doof. Erst recht, wenn man ein Haus ist. Das Haus der kleinen Forscher hatte viele Blasen an den Füßen. Weil ihm das Auftreten weh tat, humpelte und schwankte es hin und her. Ein Teil der kleinen Forscher war schon richtig seekrank, und die Tüten für solche Notfälle waren allesamt aufgebraucht.

«Leute, so kann es nicht weitergehen», sagte Luisa, «wir müssen unserem Haus helfen. Wer hat eine Idee?» Keiner meldete sich. «Hhmm!» Luisa wartete. Immer noch meldete sich niemand. «Dann muss ich mir wohl was einfallen lassen.» Luisa ging zur Schublade. Dort fielen ihr zuerst die Luftballons in die Hände. Luftballons sind die besten Experimentiermittel, die es gibt. Und Luisa hatte sofort eine Idee. «Wisst ihr was», rief sie, «wir müssen das Haus entlasten.» – «Sollen wir es etwa tragen?», fragte Vincent und meinte, dass sie sich dabei einen Bruch heben würden. «Nein, das machen die hier», sagte Luisa und hielt die Luftballons in die Höhe. Jetzt verstand Vincent, und bald wussten auch alle anderen Bescheid. Alle, bis auf Berleburg, die katzenelend in ihrem Körbchen lag.

Die kleinen Forscher gingen in den Keller, wo sie ihre Vorräte für das Labor verwahrten. Ganz hinten, hinter den Flaschen mit Pulvern, den Kanistern mit Flüssigkeiten und der Maschine für Trockeneis standen die Gasflaschen. Karla übernahm es, die Ballons mit Gas zu füllen. «Du darfst sie zuknoten», sagte sie zu Vincent. Der probierte es lange, aber schließlich zuckte er mit den Schultern. «Ich schaff es nicht.» Luisa machte sich sofort einen dicken roten Strich in ihr Tagebuch. Dass Vincent einmal etwas nicht konnte! Dann nahm sie ihm die Luftballons ab, steckte eine Murmel in jeden Ballon und knotete eine Schnur an die Tülle. Die anderen kleinen Forscher liefen zum Dach hinauf und befestigten die prall gefüllten Luftballons in großen Trauben an allen vier Ecken und am Schornstein des Hauses. Die Luftballons zogen das Haus kräftig nach oben. Ein spürbares Aufatmen ging durch das Gebälk. In dieser Nacht lief das Haus enorm weit, ohne sich auch nur eine einzige Blase zuzulegen.

Hätten die kleinen Forscher die Luftballons nicht verschließen können, hätten sie dem Haus nicht helfen können. Wie funktioniert der Trick mit Murmel statt Knoten?

Du brauchst:
- 1 Luftballon
- 1 Murmel

So fängt's an:

In einen unaufgepusteten Luftballon steckst du eine Murmel. Dabei musst du aufpassen, dass der Ballon beim Hineinschieben der Murmel keinen Schaden nimmt, also kein Loch und keinen Riss bekommt.

So geht's weiter:

Jetzt pustest du den Luftballon auf. Dabei hältst du die Tülle am besten nach oben, damit die Murmel unten im Ballon liegt. Ist der Ballon aufgepustet, drehst du ihn einfach mit der Tülle nach unten.

Und das passiert:

Die Murmel rollt in die Tülle des Luftballons hinein und steckt dort fest. Damit verschließt sie aber auch der Luft den Ausgang. Die ist nun im Luftballon gefangen.

Je nach Größe der Tülle wird die Murmel unterschiedlich weit hineingeschoben. Ist die Murmel zu klein oder die Tülle voller Spucke, flutscht sie eventuell heraus. Dann brauchst du eine größere Murmel oder trocknest die Tülle ab.

Ventil

Das steckt dahinter:

Die Murmel funktioniert wie ein Ventil: Erst lässt sie die Luft in den Ballon hinein. Will die Luft aber wieder hinaus, versperrt ihr die Kugel den Weg. Das Raffinierte daran ist: Im Prinzip versperrt sich die Luft selbst den Weg, weil sie die Kugel in den Ausgang drückt.

Deshalb ist es interessant:
- Die einfache Konstruktion «Murmel im Ballon» ist ein gutes Beispiel für ein sogenanntes Rückschlagventil, das Gase und Flüssigkeiten nur in einer Richtung durchströmen lässt. Beim Versuch, in die Gegenrichtung zu strömen, sperrt das Ventil. So auch hier: Hineinpusten geht, dann wird die Murmel hochgehoben und lässt die einströmende Luft durch. Hinausströmen kann sie nicht, weil sich die Kugel in den Weg legt.
- Der aufgeblasene Luftballon möchte sich gerne zusammenziehen und versucht, die Luft aus sich herauszudrücken. Das Ventil verhindert das und sorgt so dafür, dass der Luftballon prall mit Luft gefüllt bleibt.
- Je stärker die Luft drückt, um herauszukommen, desto fester sitzt die Murmel in der Tülle. Die Luft hat also keine Chance auszuströmen. Dabei wirkt die Murmel ähnlich wie ein Knoten, der umso fester wird, je stärker man ihn zuzieht.

Für ganz Wissbegierige:
Ein Beispiel für ein Rückschlagventil ist das Fahrradventil. Auch dort wird eine kleine Kugel zur Seite gedrückt, wenn Luft in den Reifen gepumpt wird. Will die Luft aus dem Reifen heraus, versperrt ihr die Kugel den Weg.

Ventile sind wichtig, um die Ströme von Flüssigkeiten und Gasen zu steuern. Das reicht vom Ventil in Fahrrad- oder Autoreifen über die Wasserhähne am Waschbecken und die Toilettenspülung wie auch die elektrisch betriebenen Ventile für die Wasserzufuhr bei Spül- und

Waschmaschine bis hin zu den Thermostatventilen an Heizkörpern. An der Gartenspritze ist ein Ventil, um die Wassermenge einzustellen, am Betonsilo, um Beton abzufüllen, und im Automotor, um Luft hinein- und Abgase herauszulassen.

Daneben gibt es Überlauf- oder Überdruckventile, die kleinere oder größere Katastrophen verhindern. So sorgen sie in Kraftwerken dafür, dass nichts explodiert, wenn der Druck in den Leitungen zu groß wird. Auch Espressomaschinen oder Schnellkochtöpfe haben ein solches Ventil: Bevor das Gerät platzt, wird lieber Dampf abgelassen. Aus einem ähnlichen Grund wird Sportveranstaltungen wie etwa Fußballspielen eine wichtige Ventilfunktion für viele Menschen nachgesagt ...

Sogar in unserem Körper gibt es Ventile. Etwa die Luftröhrenklappe, die unsere Luftröhre hinten im Rachen verschließt. Sie lässt Atemluft hinein und hinaus, macht aber dicht, wenn wir essen oder trinken. Manchmal allerdings klappt es nicht ganz und es gelangt doch etwas anderes als Luft in die Luftröhre – dann haben wir uns verschluckt und müssen ganz doll husten, um den Fremdkörper wieder aus unserer Luftröhre hinauszubefördern.

Tipp:
Probiere einmal Folgendes aus: Wenn du den Luftballon schräg hältst, versperrt die Murmel noch nicht den Ausgang, und der Ballon kann losfliegen, wenn du ihn loslässt. Irgendwann gelangt dann die Murmel in die Tülle, der Ballon stoppt abrupt und fällt zu Boden.

Ein Notruf mit dem Luftballon

Jetzt war Vincent zu weit gegangen. Er konnte die anderen nicht mehr hören. Das Haus hatte morgens an einem idyllischen Wäldchen haltgemacht, das sich ziemlich schnell als ganz schönes Dickicht herausstellte. Das reizte die Neugier der kleinen Forscher, die durch das dichte Unterholz streiften, allen voran Vincent. Nun hatte er den Anschluss verloren, ja er konnte die anderen nicht einmal mehr hören. Er begann zu rufen, wurde aber schnell heiser. Warum musste er ausgerechnet jetzt erkältet sein? Pfeifen konnte er leider nicht. Schon wollte er verzweifeln, da bemerkte er den Luftballon in seiner Hosentasche. Irgendetwas müsste damit doch anzufangen sein, er wusste nur noch nicht, was ... Da durchzuckte ihn ein Gedanke, und die gerade aufkommenden Tränen trockneten sofort.

Beherzt blies Vincent den Luftballon auf, zog die Tülle in die Breite, und ein wunderbar schneidender Ton drang aus dem Ballon. Vincent trötete mit dem Luftballon lang-lang-lang, kurz-kurz-kurz, lang-lang-lang. Das ist das Zeichen für «SOS», ein internationaler Notruf für Schiffe in Seenot. In Not war er auch, und Not macht ja bekanntlich erfinderisch.

Nach kurzer Zeit schon hörte er es pfeifen. Sosehr ihm Karla manchmal mit ihren schrillen Pfiffen auf die Nerven ging, diesmal waren sie Musik in seinen Ohren. Er antwortete mit einem erneuten «S-O-S».

«Du kannst aufhören, das ist ja ein Mordslärm.» Karla stand schon neben ihm, als sie das sagte. Sie sah ihn komisch an. Ob sie bemerkte, dass er nahe am Heulen gewesen war? Sie sagte jedenfalls nichts, sondern zog ihn am Arm zu den anderen kleinen Forschern, die in der Nähe warteten. «Schön, dass du wieder da bist!», riefen sie.

Später zeigte Vincent ihnen seine Erfindung. Und nach kurzem Üben wurde im Haus der kleinen Forscher mit Luftballons musiziert, dass die Wände bebten. Es muss nicht immer «SOS» sein, dachte sich Vincent.

Willst du Vincents Einfall ausprobieren? Ein Luftballon für den Notfall hat in jeder Tasche Platz.

Luftströmung

Du brauchst:
- 1 Luftballon

So fängt's an:
Nimm den Luftballon und puste ihn auf.

So geht's weiter:
Halte den Luftballon mit beiden Händen gleich unterhalb der Tülle und ziehe diese dabei auseinander, sodass etwas Luft entweichen kann.

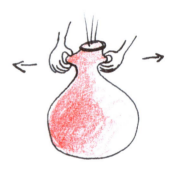

Und das passiert:
Der Luftballon fängt an zu quietschen. Ziehst du die Tülle stärker in die Breite, quietscht der Ballon höher, lässt du locker, quietscht er tiefer.

Das steckt dahinter:
Wenn die Luft durch den schmalen Spalt zwischen Ober- und Unterseite der Tülle strömt, versetzt sie diese in Schwingungen. Die Tülle vibriert ganz schnell! Das kannst du nicht nur hören, sondern auch spüren, wenn du etwa die Lippen dranhältst. Das Vibrieren wird schnel-

ler, wenn die Tülle breiter und damit straffer gespannt ist. Dann ist der Ton höher. Wird die Tülle lockerer gelassen, ist das Vibrieren langsamer und der Ton tiefer.

Deshalb ist es interessant:
- Wenn Luft durch eine enge Stelle strömt, wird sie schneller. Dadurch entsteht ein Sog, der zum Beispiel Türen zuschlagen kann, wenn es zieht.
- Dass Luft einen Sog entwickelt, wenn sie schnell strömt, ist auf den ersten Blick unlogisch. Man würde erwarten, dass sich etwa die Tür öffnet, um mehr Luft durchzulassen. Es passiert aber genau das Gegenteil. Das ist scheinbar ein Widerspruch.
- Blasinstrumente wie beispielsweise Oboe, Klarinette, Fagott, Trompete oder Posaune nutzen die Sogwirkung der Atemluft. Auch beim Spielen auf deiner Mundharmonika erzeugst du dadurch Töne, ganz ähnlich wie beim Luftballon.

Für ganz Wissbegierige:
Dieser scheinbar einfache Effekt hat es in sich, denn er widerspricht unseren Alltagserfahrungen und wirkt daher auf den ersten Blick «paradox», also widersinnig. Deshalb heißt dieser Effekt völlig zu recht «Hydrodynamisches Paradoxon», denn in der Tat scheint es widersprüchlich, dass etwa Türen ausgerechnet dann zuschlagen, wenn gerade sehr viel Luft durch sie strömt. Dieses Paradoxon tritt überall da auf, wo Gase oder Flüssigkeiten (daher «hydro») schnell an einer engen Stelle vorbeiströmen (deshalb «dynamisch»). Dann entsteht ein Unterdruck, der dazu führt, dass Gegenstände am Rand angezogen werden.

Ohne dieses merkwürdige «Hydrodynamische Paradoxon» wären keine Urlaubsflüge möglich, denn auch der Sog, der Flugzeuge in den Himmel hebt, entsteht durch eine Luftströmung, die mit hoher Geschwindigkeit an der gekrümmten Fläche des Flugzeugflügels vorbeiströmt. Allerdings bewegt sich hier nicht die Luft um die Tragfläche, sondern die Tragfläche durch die Luft. Das Ergebnis ist dasselbe, denn im Windkanal, wo die Stromlinienform auch von Flugzeugen getestet wird, steht das Flugzeugmodell still, und die Luft strömt an ihm entlang.

Tipp:
Meinst du, du schaffst es, den Luftballon eine einfache Melodie quietschen zu lassen? Wenn du dem Luftballon ein Geldstück in die Tülle steckt, kannst du ihm übrigens einen festen Ton vorgeben und dir das mühsame Auseinanderziehen der Tülle sparen. Und wenn du ein paar Luftballons an deine Freunde verteilst, könnt ihr einen Höllenlärm veranstalten …

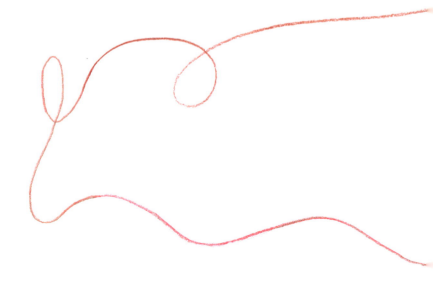

Die völlig verrückte Quiz- und Rateshow

Es war ganz früh am Morgen und noch dunkel, als die kleinen Forscher von einer Stimme geweckt wurden: «Herrrzlich willkommen, meine Damen und Herren, bei unserer großen Quiz- und Rateshow.» «Ich krieg die Krise», seufzte Karla und wankte schlaftrunken vom Bett zum Fenster. «Das ist doch nicht zu glauben! Da draußen steht ein bekannter Fernsehmoderator. Der muss verrückt sein!» Die kleinen Forscher sprangen ans Fenster. In der Tat stand vor ihrem Haus ein Männchen im Scheinwerferlicht und hielt ein Mikrophon in der Hand. Eine Kamera jedoch war nirgends zu sehen. Laute Musik kam aus den Lautsprechern. «Herrrzlich willkommen zu unserer großen …», fing

es wieder an, da war Luisa bereits bei ihm und wollte ihm das Mikrophon aus der Hand reißen. Doch der Moderator war schneller. «Da ist auch unser erster Kandidat. Herrrzlich willkommen!» Er schüttelte Luisa derb die Hand. «Unsere erste Frage: Wie viele Fehler kann ein Computer in zwei Sekunden machen?» Trotz der frühen Stunde war Luisa in Bestform. «So viele Fehler wie 50 Leute in 200 Jahren, wenn sie Tag und Nacht arbeiten würden!» «Diese Antwort ist rrrichtig! Sie haben gewonnen. Sie dürfen zwanzig weiße Mäuse mit nach Hause nehmen. Wollen Sie weitermachen? Wunderbar!»

Luisa war sprachlos. «Hier ist unsere Fleißaufgabe. Sicherlich kennen Sie das Märchen von Aschenputtel mit den Linsen. Die guten ins Kröpfchen, die schlechten ins Töpfchen und so weiter und so fort. Hahaha! Wir haben hier für Sie Salz und Pfeffer zusammengemischt, die Sie bitte innerhalb der nächsten zehn Stunden sortieren.» Luisa sah entgeistert auf einen Haufen Salz und Pfeffer. Vincent stöhnte: «Das darf doch nicht wahr sein.» Karla lief ins Haus und kam mit einem Plastiklöffel zurück. «Hier, nimm den...», und flüsterte Luisa etwas ins Ohr. Luisa hatte sich wieder gefasst und nahm den Löffel dankbar an. Sie rieb ihn an ihrem Pullover, hielt ihn über den Pfeffer-und-Salz-Haufen und hatte in kurzer Zeit die Gewürze getrennt. «Sie haben gewonnen. Zehn Eimer Tapetenkleister gehören Ihnen! Bitte Applaus für unseren Kandidaten!»

Willst du wissen, wie Luisa so fix Salz und Pfeffer getrennt hat? Versuche es ruhig, du gewinnst dabei auch keinen Tapetenkleister. Versprochen!

Du brauchst:
- 1 Plastiklöffel
- Salz im Salzstreuer
- Feiner Pfeffer im Pfefferstreuer
- 1 Wollpullover

108   Elektrostatik

So fängt's an:
Du streust etwas Pfeffer und Salz auf den Tisch. Mit dem Löffel verrührst du beides. Jetzt sind Pfeffer und Salz vermischt. Die beiden Gewürze wieder zu trennen wäre ganz schön mühsam. Jetzt hilft nur ein wissenschaftlicher Trick!

So geht's weiter:
Nimm den Plastiklöffel in die Hand und reibe ihn an deiner Kleidung. Dann hältst du den Löffel mit dem Bauch etwa einen Fingerbreit über das Pfeffer-Salz-Gemisch.

Und das passiert:
Die Pfefferkörnchen springen richtig hoch und bleiben am Löffel kleben. Die Salzkörner dagegen bleiben faul auf dem Tisch liegen.

Das steckt dahinter:
Durch das Reiben des Löffels an deiner Kleidung hast du ihn elektrostatisch aufgeladen. Deshalb kann er nun Pfeffer und Salz anziehen. Die kleinen, leichten Pfefferkörnchen springen sofort zum Löffel hoch und bleiben dort haften. Weil die Salzkörner aber viel größer und damit schwerer als der Pfeffer sind, reicht die Kraft des aufgeladenen Löffels nicht aus, um sie hochzuheben.

Deshalb ist es interessant:
- Durch Reiben kann man bestimmte Gegenstände elektrisch positiv (+) oder negativ (-) «aufladen». Dann können sie andere Gegenstände anziehen, selbst wenn diese nicht geladen sind, wie bei-

spielsweise unser Löffel die (ungeladenen) Pfefferkörner.
- Treffen zwei Stoffe aufeinander, die gleich geladen sind (also beide positiv [+] oder beide negativ [-]), so stoßen sie sich ab.
- Stoffe, die entgegengesetzte Ladungen tragen (also ein positiv [+] und ein negativ [-] geladener Gegenstand), ziehen sich an.

Für ganz Wissbegierige:
Allein durch Reibung laden sich Dinge und selbst Menschen auf. Beim Gehen über den Teppich etwa reiben Boden und Schuhsohle aneinander. Deshalb gibt es manchmal einen kleinen Funken, wenn man danach an die nächste Türklinke oder das Treppengeländer fasst. Und aus dem gleichen Grund knistert und funkt es häufig, wenn du einen Wollpullover an- oder auszieht. Dabei «springen» Ladungen von einem Körper zum anderen Körper über, und im Dunkeln sieht man kleine Blitze. Auch der Autoreifen reibt beim Fahren auf der Straße, und so kann man beim Aussteigen einen «gewischt» bekommen, wenn man an das Blech der Autotür fasst. Sogar die Katze kann elektrisch geladen sein, und das Fell knistert beim Streicheln, vor allem an trockenen Tagen. Deswegen fehlt in kaum einer Physiksammlung von Schulen ein Stück Katzenfell, um damit elektrostatische Aufladungen zu erzeugen. Dabei reibt man beispielsweise das Fell und einen Plexiglasstab aneinander.

Auch Gewitter und hier natürlich die Blitze sind das Ergebnis von Reibung, denn die Luft lädt sich durch Wind elektrostatisch auf. Schließlich sind die Ladungsunterschiede so stark, dass es Überschläge von einer Wolke zur anderen oder von Wolke zu Boden gibt, die wir als Leuchtspur beziehungsweise Blitz im Himmel sehen.

Ganz kontrolliert werden elektrostatische Ladungen beim Kopierer und Laserdrucker angewendet. Eine Trommel, die elektrostatisch aufgeladen wird, entlädt sich an den Stellen, an denen das reflektierte Licht von der Vorlage oder ein Laserstrahl auftrifft. So entsteht ein bestimmtes Muster von Ladungen, an denen nachher feiner Kunststoffstaub, der «Toner», hängen bleibt. Das funktioniert also ganz ähnlich wie bei Plastiklöffel und Pfeffer, wobei der Toner die Rolle des Pfeffers übernimmt.

Tipp:
Probiere aus, mit welchen Gegenständen du den Löffel besonders gut aufladen kannst. Teste Wollpullover, Frischhaltefolie, Klarsichtfolie vom Schnellhefter, die Feinstrumpfhosen (Nylonstrümpfe) deiner Mutter. Ab welcher Höhe springt der Pfeffer dann schon an den Löffel? Wie lange musst du reiben, bis der Löffel gut aufgeladen ist? Funktioniert das an manchen Tagen besser und an anderen schlechter?

Der Fernsehmoderator nimmt Reißaus

Den ganzen Tag lang hielt der verrückte Fernsehmoderator die kleinen Forscher auf Trab. Sobald ein Kind das Haus verließ, schnappte er es sich und stellte ihm eine alberne Frage oder hatte eine unlösbare Aufgabe parat. Schließlich wurde es Karla zu bunt. «Freunde», rief sie, «verliebte Drachen und kampfeslustige Ritter machen das Leben nicht leichter. Aber ein verrückter Fernsehmoderator ist völlig unerträglich. Wir müssen ihn loswerden, solange wir noch die Nerven dazu haben.» Von draußen ertönte es wieder einmal: «Herrrzlich willkommen, meine Damen und Herren, zu unserer großen …»

Im Haus der kleinen Forscher wurde es geschäftig. Lautsprecher wurden am Fenster aufgebaut, Kabel gezogen und das einzige Mikrophon installiert. «Herrrzlich willkommen, meine …», fing der verrückte Moderator noch einmal an. «Aufnahme starten», rief Karla. «Aufnahme läuft», antwortete Luisa. Vincent rieb sich vergnügt die Hände.

Draußen redete der verrückte Moderator in einer Tour, ohne Punkt und Komma. Als er endlich einmal eine Pause einlegte, weil er aufs Klo musste und sich dafür kurz in die Büsche schlug, war die Gelegenheit gekommen. «Jetzt oder nie», rief Karla, «Aufnahme ab!» Aus den Lautsprechern im Haus der kleinen Forscher gellten die Worte des Moderators von eben. «Herrrzlich willkommen, meine Damen und Herren. Ich begrüße sie ganz...» Der verrückte Moderator blieb wie angewurzelt stehen. Er traute seinen Ohren kaum, als er seine eigene Stimme hörte. Seine Nackenhaare sträubten sich, und er wurde blass um die Nasenspitze. «Das... aber... nicht ich... das kann doch nicht...» Dann ging alles sehr schnell. Er baute seine Lautsprecher ab, packte die Scheinwerfer ein, ergriff sein Mikrophon und verschwand fluchtartig. Erst nach einer Stunde schalteten die Kinder ihre Lautsprecher aus, um ganz sicher zu sein, dass der verrückte Moderator nicht heimlich zurückkehrte. Dann war schließlich Ruhe. Himmlische Ruhe. Die kleinen Forscher schlichen auf Zehenspitzen durchs Haus, verständigten sich mit Zeichensprache und genossen es, einmal keinen Laut zu hören. Nur nachts war ab und zu ein leises Schnarchen zu vernehmen.

Kann die eigene Stimme einen Menschen so erschrecken? Dich hoffentlich nicht, aber fremd hört sie sich bestimmt an. Lausche dir einmal selbst!

Du brauchst:
- 1 Aufnahmegerät, also Kassettenrecorder oder MP3-Spieler

So fängt's an:

Nimm irgendetwas selbst Gesprochenes oder von dir Gesungenes auf – ein Gedicht oder ein Lied. Du kannst dir auch etwas ausdenken oder einfach das sagen, was dir als Erstes in den Sinn kommt.

So geht's weiter:

Wenn du fertig bist, spielst du das soeben von dir Aufgenommene noch einmal ab. Das muss nicht über Lautsprecher sein, fürs Erste reichen auch Ohrhörer.

Und das passiert:

Das sollst wirklich DU sein? Wenn du nicht selber wüsstest, was du eben aufgenommen hast, würdest du deine eigene Stimme nicht wiedererkennen. Sie hört sich viel höher und viel kindlicher an.

Das steckt dahinter:

Deine Stimme wird zu anderen Menschen durch Schall übertragen. Das sind schnelle Luftschwingungen, die aus deinem Mund kommen und hinten im Hals, in deinem Kehlkopf, von den Stimmbändern erzeugt werden.

Du selbst hörst deine Stimme aber auch über den sogenannten «Körperschall». Schallwellen werden nämlich nicht nur durch Luft, sondern auch durch feste Gegenstände übertragen. So leitet dein Kopf Schallwellen. Die Schallwellen, die durch die Knochen in deinem Kopf, also den Schädel, übertragen werden, gelangen ebenfalls an dein Ohr. Es sind vor allem die dunklen, tiefen Töne, die im Knochen weitergeleitet werden. Sie kommen zu dem, was du über die Luft von deiner Stimme hörst, dazu.

Deshalb ist es interessant:

- Du hörst dich selbst ganz anders, als deine Mitmenschen dich hören. Für die klingst du so wie in der Aufnahme. Das mag dir vielleicht etwas unangenehm sein, aber es stört niemanden. Jeder hat sich daran gewöhnt, dass deine Stimme so klingt, wie sie nun mal klingt.
- Du hörst dich anders, weil du dich zusätzlich durch deinen Kopf hörst, der beim Reden in Schwingungen versetzt wird. Die Schwingungen über den Kopf kommen zu dem dazu, was du über deine Ohren durch die Luft wahrnimmst, und deshalb klingt deine Stimme für dich tiefer, voller und dunkler.
- Radiosprecher müssen sich erst einige Zeit daran gewöhnen, dass ihre Stimme im Radio völlig anders klingt, als sie sie selbst hören. Das irritiert anfangs sehr, ist letztlich aber nur eine Sache der Gewohnheit.

Für ganz Wissbegierige:

Wenn wir essen, nehmen wir unsere Nahrung auch akustisch wahr, also über die Klänge, die sie beim Zerbeißen und Kauen produziert. Das Knistern von Chips, das Prickeln von Brausebonbons oder Limonade, das Crunchen von Cornflakes – all das klingt für den Essenden viel intensiver als für alle Leute drum herum. Und deswegen sind Knuspersachen so beliebt!

Dass der Klang von Nahrungsmitteln eine wichtige Rolle beim Genießen spielt, hat die Lebensmittelindustrie längst erkannt. Müsli, Flakes, Corn Pops (also sogenannte «Cerealien») werden in Labors auch auf ihr akustisches Erscheinungsbild hin getrimmt, ebenso wie Kekse, Chips oder Fertigpizza. «Food Acoustic Design» nennt sich diese Technik, mit der Lebensmittel so verändert werden, dass sie sich möglichst gut anhören und beim Essen die richtigen Geräusche machen. Dazu werden die Klänge, die beim Zerbeißen entstehen, aufgenommen und mit dem Computer genau analysiert. Bei Lausanne in der Schweiz hat ein großer Lebensmittelkonzern in seinem Forschungszentrum extra ein «Crispometer» entwickelt, das die Akustik eines menschlichen Mundes nachempfindet und den Schall darin misst.

Anfangs wurden sogar echte Totenschädel verwendet, um die Akustik im Kopf zu erforschen und Speisen schön knusprig zu kreieren ...

Tipp:
Wie wichtig «Körperschall» ist, merkst du, wenn du eine Spieluhr in der Luft spielen lässt. Sie ist nur sehr leise zu hören. Legst du dieselbe Spieluhr auf einen Tisch, ist sie viel, viel lauter. Der Tisch verstärkt ihren Klang, er ist ein Resonanzkörper, der den Schall der Spieluhr aufnimmt, weiterleitet und selbst noch einmal abgibt und damit verstärkt.

Das Geheimnis der Tulpenblätter

«Wer war das?», schrie Karla und kam ins Haus der kleinen Forscher gelaufen, «welcher Grobian war an meinen Tulpen?» Die kleinen Forscher schauten sich verdutzt an. Keiner meldete sich. Karla blickte nacheinander jedem ins Gesicht. Sie war wütend. Als sie ihren Blick senkte, um auch Berleburg scharf anzusehen, starrte sie ins Leere. Die

Katze war nicht da. Schlechtes Gewissen?! Jetzt wusste Karla Bescheid. «Ist schon gut», flötete sie, «ihr könnt weitermachen.» Die kleinen Forscher machten sich wieder an ihre Arbeit. Karla ging in den Keller. Es war duster, aber in der hintersten Ecke funkelten zwei Katzenaugen.

«Berleburg?», fragte Karla freundlich, aber bestimmt. Die Katze kam zögernd angeschlichen. Karla nahm Berleburg auf den Arm – und hätte sie fast wieder fallen lassen. Was war mit ihren Pfoten los? «Tulpenblätter um Katzenpfoten. Das sind ja ganz neue Sitten», flüsterte sie Berleburg ins Ohr und stieg mit ihr die Treppe hinauf.

«Schaut euch mal diese Mistbiene an», rief sie den kleinen Forschern zu. «Schnürt sich Tulpenblätter um die Pfoten, die feine Dame. Ganz schön etepetete.» – «Aber irgendeine Bewandtnis muss das haben, schließlich ist sie eine Forscher-Katze», warf Luisa ein. «Stimmt», meinte Vincent, «ist euch auch aufgefallen, dass wir seit Tagen keine Katzenspuren mehr im Haus haben, nicht einmal bei schlechtem Wetter?» Alle nickten zustimmend und beschlossen, der Sache auf den Grund zu gehen. Die kleinen Forscher zogen Berleburg die Tulpenblätter von den Pfoten und gingen damit ins Labor. Nach ein paar Stunden kamen sie mit roten Köpfen wieder heraus. Vincent hielt ein Tulpenblatt triumphierend in der Hand. «Berleburg, ich gratuliere dir zur Entdeckung des Lotos-Effektes», rief er. «Mit Tulpenblättern hast du nie mehr schmutzige Pfoten, und wir müssen dir nicht hinterherwischen.» «Trotzdem bitte ich dich, dir das nächste Mal einfach die Pfoten abzulecken. Die Tulpen sind für die Vase», sagte Karla. Sie setzte Berleburg in ihr Körbchen und rückte es ganz dicht an die Heizung. Dort schlief die Katze stolz schnurrend ein.

Du willst wissen, wie der Lotos-Effekt funktioniert? Bitte schön, so kannst du es ausprobieren:

Du brauchst:
- 1 Tulpe
- 1 Pinsel
- 1 Glasschüssel mit Wasser
- Flüssighonig (am besten im Flaschenspender)
- Flüssigen Bastelkleber (wasserlöslich)

So fängt's an:

Untersuche das grüne Tulpenblatt wie ein Forscher: Schau es dir ganz genau an. Fahre mit den Fingern über das Blatt, reibe es an der Wange, rieche an ihm, halte das Blatt gegen das Licht. Wie sieht das Blatt aus? Wie fühlt es sich an? Wie riecht es?

So geht's weiter:

Nimm dir einen Pinsel. Jetzt darfst du spielen. Tauche den Pinsel ins Wasser und lass ihn über dem Blatt abtropfen. Was geschieht mit den Tropfen?

Und das passiert:

Die Tropfen perlen ab, und das Tulpenblatt bleibt trocken. Du kannst auch etwas Paprikapulver oder Pfeffer auf das Blatt streuen und es dadurch «schmutzig» machen. Sobald Wasser auf das Tulpenblatt kommt, nehmen die Tropfen das Pulver auf und rollen mit ihm vom Blatt herunter.

Tropfe etwas flüssigen Honig, am einfachsten aus einer Spenderflasche, auf das Tulpenblatt. Wie verhält sich der Honig? Du kannst sogar wenige Tropfen Bastelkleber auf das Blatt geben. Kleben sie fest?

Das steckt dahinter:

Die Tulpenblätter haben eine ganz trickreiche Oberfläche, auf der sich Wasser und selbst zähe Flüssigkeiten wie Honig oder Kleber nicht festhalten können. Auf dem Blatt ist eine Wachsschicht, die unter dem Mikroskop wie ein Gebirge aussieht. Die Tropfen liegen lediglich auf den «Bergspitzen» und haben daher nur ganz wenig Halt.

Um dir vor Augen zu führen, wie der Lotos-Effekt zustande kommt, nimmst du eine Handbürste und Zahnpasta. Gib einen Streifen Zahnpasta auf die Borsten, ganz sachte, ohne die Zahnpasta in die Borsten hineinzudrücken. Weil die Zahnpastawurst auf den Borstenenden aufliegt, hat sie nur ganz wenig Berührungsfläche, kaum Halt, und fällt ab, sobald du die Bürste umdrehst.

Deshalb ist es interessant:

- Mit Hilfe des «Lotos-Effekts» halten manche Pflanzen ihre Blätter sauber. Wachs auf dem Blatt mit lauter winzigen Hubbeln hindert Wasser daran, dass es das Blatt benetzen, sich also an ihm festhalten kann.
- Trotz Lotos-Effekt kann sich Staub auf die Blätter legen. Aber einige Tropfen Wasser, die über das Blatt rollen, sammeln den Staub ein und entfernen ihn. Das macht schon der normale Regen. So bleiben die Blätter bestimmter Pflanzen immer sauber.
- Wenn wir Waschbecken, Fenster oder Autos mit Lotos-Effekt hätten, müssten wir nicht so gründlich putzen. Einmal mit Wasser abspülen reichte zum Saubermachen.

Für ganz Wissbegierige:

Der «Lotos-Effekt» wurde 1975 an der Rheinischen Friedrich-Wilhelms-Universität in Bonn von dem deutschen Botaniker Wilhelm Barthlott (*1946) entdeckt. Aufgefallen war ihm das Phänomen bei einer ganz gewöhnlichen Pflanze, der Großen Kapuzinerkresse («Topaedum majus»). Benannt ist er jedoch nach der asiatischen Lotosblume, die im Buddhismus als Symbol der Reinheit gilt. Obwohl die Lotosblume im Schlamm wächst, sind ihre Blätter immer sauber.

Bleibt die Frage, wozu sich Pflanzen solch eine komplizierte Blattoberfläche zulegen. Die Antwort ist eigentlich ganz einfach: Saubere Blätter können mehr Licht aufnehmen. So nutzen Pflanzen mit Lotos-Effekt das Tageslicht bestens aus. Weil ihre Blätter sauber sind, können sie so viel Licht aufnehmen wie möglich. Damit können diese Pflanzen schneller wachsen oder mit weniger Licht auskommen als andere mit «gewöhnlichen» Blättern.

Tipp:
Tauche dein Tulpenblatt in die Glasschüssel. Wie sieht das Blatt unter Wasser aus? Was passiert mit der Blattoberfläche? Sehen Blattober- und -unterseite gleich aus? Was ist mit den Blattstielen?

Die Tulpenblüte hast du für diesen Versuch gar nicht gebraucht. Bewahre sie auf und stelle sie in eine Vase.

Auf Seite 148 gibt es übrigens ein weiteres Experiment zum Lotos-Effekt.

Der Walfisch auf dem Trockenen

Meeresrauschen ist entspannend. Und so lagen die kleinen Forscher heute länger im Bett als sonst. Das Haus hatte eine malerische Bucht ausgesucht und direkt am Strand haltgemacht. Als sich in das Rauschen ein Klagen mischte, war Luisa zuerst am Fenster. «Boah, was für ein Oschi!», rief sie. Auf dem Strand lag ein gewaltiger Walfisch. «Der gehört doch eigentlich ins Wasser», meinte Vincent. «Den kriegen wir nicht ins Meer zurück, zumindest nicht bei Ebbe», stellte Luisa fest. «Also leisten wir Erste Hilfe», sagte Vincent. «Er darf nicht austrocknen. Und nicht verhungern.» «Und wie sollen wir das anstellen, Doktor Vincent?», fragte Karla. «Nun, Schwester Karla, der Wal braucht Salzwasser, damit seine Haut nicht austrocknet, und Zuckerwasser, damit er nicht verhungert.»

Jetzt ging alles ganz schnell. Das Haus lief bis dicht an den Walfisch heran, während Dutzende fleißiger Hände innen Regenfässer unters Dach bugsierten. Dort wurden sie mit Wasser gefüllt und mit reichlich Zucker und Salz versehen.

Plötzlich stutzte Vincent. «Wir haben überhaupt keine Leitungen ...» Der Elan der kleinen Forscher war wie verflogen. Vincent trommelte auf die Fensterbank und sah auf den Wal. «Wir brauchen lange Leitungen», murmelte er. Plötzlich stapften Luisa und Karla mit den kompletten Trinkhalm-Vorräten aus dem Haus. Vor den Augen des Walfischs steckten sie die Trinkhalme zusammen und zogen sie durch das ganze Haus bis zu den Fässern unterm Dach. «Ihr seid ja genial», sagte Vincent. «Schön, dass du es auch merkst», freute sich Luisa und arbeitete weiter.

Bald sorgten zig gelbe Trinkhalmleitungen dafür, dass der Walfisch überall mit Salzwasser besprenkelt wurde. Blaue Trinkhalmleitungen führten in sein Maul und flößten ihm Zuckerwasser ein. Das ging so

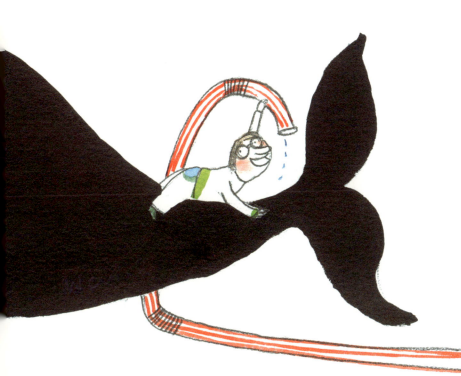

bis zur nächsten Flut. Als das Meerwasser ihn wieder umspülte, kam der Walfisch los.

Die kleinen Forscher blieben noch den ganzen nächsten Tag am Strand, spielten, badeten und erfreuten sich an besonders hohen und schönen Fontänen, die ein Walfisch in der Nähe aus dem Wasser sprühte.

Willst du auch eine lange Leitung bauen? Dann lies einfach weiter.

Du brauchst:
- Trinkhalme mit Knick
- 1 Kinderschere
- Klebefilm

So fängt's an:
Zuerst schneidest du einen Trinkhalm am langen Ende mit der Schere ungefähr einen Zentimeter weit ein.

So geht's weiter:
Damit du einen Trinkhalm mit einem weiteren verbinden kannst, rollst du das eingeschnittene Ende etwas spitz zu und steckst es so weit in das kurze Ende des anderen Trinkhalmes, bis der Einschnitt nicht

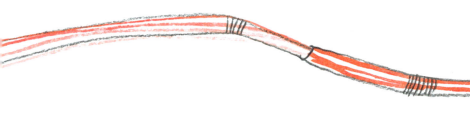

mehr zu sehen ist. Mit etwas Klebefilm drum herum dichtest du die Verbindungsstelle so gut ab, dass keine Luft hineinkommt.

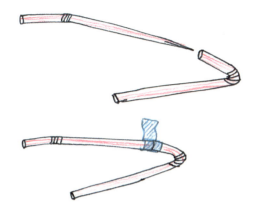

Und das passiert:
So einfach kannst du Trinkhalme beliebig verlängern und eine dünne Rohrleitung bauen. Dank der Knicke kannst du sie sogar um die Ecke biegen und ihnen jeden beliebigen Verlauf geben.

Das steckt dahinter:
Rohrleitungen bestehen aus vielen gleichen Elementen, die einfach ineinandergesteckt werden. Das Prinzip der Verbindung ist immer dasselbe: Ein schmales Rohrende wird in ein weites Rohrende gesteckt. Jedes Rohrstück ist dazu also an dem einen Ende schmaler als an dem anderen.

Deshalb ist es interessant:
- Weil ein einziges langes Rohr schwer zu handhaben und zu transportieren wäre, besteht eine Rohrleitung meist aus vielen kurzen Einzelstücken, die ineinandergesteckt werden. Damit die Steckverbindung funktioniert, muss das eine Rohrende weiter als das andere sein, sodass das schmale Ende des einen Rohrs in das weite Ende des nächsten passt. Die Verbindungsstelle heißt «Muffe».
- Damit eine Rohrleitung funktioniert, muss sie so verlegt sein, dass sie ein Gefälle hat, also immer etwas schräg nach unten führt. So rutscht in ihr alles nach unten. Verläuft die Leitung waagerecht oder gar bergauf, muss man am Anfang der Rohrleitung Druck erzeugen, um den Inhalt durch die Leitung zu schieben. Man kann auch am Ende Unterdruck erzeugen, dann wird der Inhalt durch die Leitung gesaugt.
- Rohre können sehr dick sein und bieten sich zum Transport von Flüssigkeiten und Gasen, ja selbst von Gegenständen wie etwa Bauschutt an. Beim Gartenschlauch verwendet man hingegen ein langes, biegsames Rohr, eben einen Schlauch. Er lässt sich an einem Stück bequem aufrollen und muss nicht erst ineinandergesteckt werden.

Für ganz Wissbegierige:

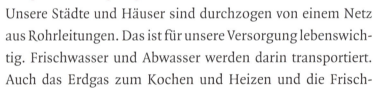

Unsere Städte und Häuser sind durchzogen von einem Netz aus Rohrleitungen. Das ist für unsere Versorgung lebenswichtig. Frischwasser und Abwasser werden darin transportiert. Auch das Erdgas zum Kochen und Heizen und die Frisch- und Abluft der Klimaanlage fließen durch Rohrleitungen. In Krankenhäusern gibt es Sauerstoffleitungen, die bis zum Krankenbett führen; in der Industrie werden Rohrleitungen für feste Stoffe, wie Staub und Pulver, für flüssige Stoffe, wie flüssigen Beton, Säuren, Laugen und für gasförmige Stoffe, Dampf, Pressluft und Vakuum (Unterdruck) benutzt.

Selbst Gegenstände lassen sich in Rohrleitungen transportieren. So gibt es in Paris und auch in manchen großen deutschen Firmen noch heute ein Rohrpostsystem, wo Kapseln mit Schriftstücken oder Kleinteilen durch Rohre vom Absender bis zum Empfänger befördert werden.

Bei Dacharbeiten kann man oft sehen, wie Rohrleitungen vom Dach bis hinunter zu einem Container auf der Straße reichen. Oben hinein werden etwa alte Dachziegel geworfen, die dann unten im Schuttcontainer landen. Die Leitung besteht aus vielen kurzen, leicht trichterförmigen Einzelstücken aus Plastik. Sie werden an Ketten so hintereinandergehängt, dass ihre schmale untere Öffnung jeweils in die weite obere Öffnung des nächsten Stücks hineinragt. So fliegt alles, was nach unten fällt, von einem Rohrstück in das nächste.

Tipp:
Das Prinzip der Rohrleitung kommt überall dort vor, wo Dinge – feste oder lose – miteinander verbunden werden. LEGO-Steine sind oben, bei den Noppen, schmaler als an der Unterseite. Stapelboxen sind unten am Boden breiter als oben. Trinkbecher lassen sich ineinanderstapeln, weil sie unten schmaler sind als oben an der Öffnung. Schau einmal nach Gegenständen, wo dieses Prinzip angewendet wird!

Schraube einen Kugelschreiber auseinander. Die Hülse besteht aus zwei Teilen, die ineinandergeschraubt werden. Dazu ist ein Teil schmaler als das andere. Durch das Schrauben kann die Verbindung nicht so leicht aufgehen, und trotzdem ist der Kugelschreiber schnell zu öffnen. Perfekt wären also Trinkhalme mit Gewinde. Dann ließen sie sich – wie ein Kugelschreiber – einfach ineinanderschrauben …

Ach, du dickes Ei!

Mit einem Drachen ist es wie mit einem Schnupfen: Man wird ihn nicht so schnell los. Das erfuhren die kleinen Forscher an diesem Morgen. Luisa fiel unsanft aus dem Bett, so laut hatte es draußen gejodelt. Gejodelt? Karla stürzte ans Fenster und hielt sich sofort die Nase zu. «Da draußen ist ein Mundgeruchsmonster, der Feuerdrache!», rief sie und weckte damit alle. Tatsächlich schaute der Drache mit großen Augen in das Schlafzimmer der kleinen Forscher hinein. Und offenbar hatte er sich nicht die Zähne geputzt. Zum Glück hielt er den Mund geschlossen.

Vincent war sauer, wie immer, wenn er zu früh geweckt wurde. «Was willst du, oller Störenfried?», herrschte er den Drachen an. Der Drache lächelte freundlich – na ja, soweit Drachen das eben können. Aber er bemühte sich. «Ich habe euch ein Ei gelegt!», sagte er und deutete stolz vor das Haus.

128 Eiform

Vincent rannte nach unten, aber die Haustür ging nicht auf. «Würdest du bitte das Ei aus dem Weg räumen?», forderte er den Drachen auf. Dann ließ sich die Tür öffnen, und Vincent stürmte hinaus. Er blieb wie angewurzelt stehen. «DAS soll ein Ei sein?», rief er. «Äh … ja … warum nicht?», stotterte der Drache. «Das ist eine Kugel und kein Ei!», antwortete Karla vom Fenster aus und griff sich an die Stirn. «Ich fass' es nicht. Der kann nicht mal ein richtiges Ei legen!»

«Eier sind oval, und nicht rund, du Dummerchen», erklärte Vincent. «Eine Kugel rollt viel zu leicht weg, schau!» Und Vincent stemmte sich gegen die blitzend weiße Kugel. Das Ei bewegte sich, kam ins Rollen und kullerte den Abhang vorm Haus der kleinen Forscher hinunter. Unten platschte es in den See und war verschwunden. «Oh, Verzeihung, das habe ich nicht gewollt», entschuldigte sich Vincent. «Schon gut», sagte der Drache, «war ja nur ein Test-Ei. Ein richtiges will ich erst morgen legen. Und du sagst, es muss oval sein?» – «Klaro», sagte Vincent und malte dem Drachen ein Ei aufs Papier. «Das rollt nämlich nicht so leicht weg. Deshalb hat es diese Form.»

Da die kleinen Forscher nun schon einmal wach waren, nutzten sie den windigen Tag und ließen mit dem Drachen zusammen ihre Drachen steigen. Am Nachmittag grillten alle zusammen, denn der feuerspeiende Drache konnte die besten Würstchen auf der ganzen Welt braten.

Probiere einmal aus, warum ein Ei seine Eiform hat. Dann hast du mehr Ahnung als ein Drache!

Du brauchst:
- 1 Ball (Flummi oder Tischtennisball)
- 1 Hühnerei (am besten hart gekocht, dann gibt es keine Schweinerei, wenn es mal runterfällt)

So fängt's an:
Du legst Ball und Ei einfach auf den Tisch.

Eiform

So geht's weiter:
Gib dem Ball und dem Ei mit einem Finger einen kleinen Stups.

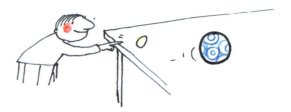

Und das passiert:
Der Ball rollt sofort weg und vielleicht sogar vom Tisch herunter. Das Ei torkelt etwas und beschreibt höchstens einen kleinen Bogen.

Das steckt dahinter:
Ein Ball ist eine Kugel, und eine Kugel ist überall gleich rund. Ein Hühnerei ist oval und nicht überall gleich rund. So ist es oben spitzer als unten am «stumpfen» Ende. Dadurch rollt es schlecht, kann also auch nicht so leicht wegrollen. Dazu kommt, dass ein rohes Ei schlechter rollt als ein gekochtes. Das liegt daran, dass ein rohes Ei innen flüssig, ein gekochtes innen fest ist. Weil sich der Inhalt des rohen Eis bewegen und damit verlagern kann, bremst seine Masse die Bewegung ab. Deshalb ist das rohe Ei träger als das gekochte. Auf diese Weise verhindert die Natur, dass die Eier eines Geleges sich zu sehr von der Henne entfernen, und schützt so die Küken darin.

Deshalb ist es interessant:
- Ein Vogelei hat eine ganz spezielle, in der Natur einmalige Form. Es ist oval und hat ein spitzes und ein stumpfes Ende. Dadurch kann ein Ei schlecht (weg) rollen, erst recht, wenn es innen flüssig, also roh ist.
- Durch ihre Form und ihre dünne, harte Schale sind Vogeleier sehr stabil. Kaum ein Mensch kann sie mit der Hand zerdrücken, wenn er sie zwischen Daumen und Zeigefinger hält.

- Mit Eiern pflanzen sich viele Tiere fort. Anders als bei Säugetieren und Menschen kommen bei ihnen die Babys nicht gleich lebend zur Welt, sondern reifen außerhalb vom Körper der Mutter heran und schlüpfen dann aus dem Ei.

Für ganz Wissbegierige:

Bei «Ei» denken wir meistens an das Frühstücksei, das vom Huhn stammt, einem Vogel. Doch viele andere Tiere vermehren sich ebenfalls, indem sie Eier legen: Frösche (im Laich), Läuse (etwa die Nissen von Kopfläusen), Fliegen und sogar Rochen. Eier sind eine der ältesten und damit zuverlässigsten Arten der Fortpflanzung. Schon die Dinosaurier legten Eier, teilweise über 30 Zentimeter große Brummer!

Allerdings geben sich manche Tiere mehr Mühe mit den Eiern als andere. Viele Froscharten etwa legen ihren Laich einfach ins Wasser und kümmern sich nicht weiter darum. Fast alle Vögel hingegen sorgen aufopfernd für ihre Eier und brüten sie mit ihrer Körperwärme aus.

Diese Mühe lohnt sich. Wer sich nicht um seine Eier kümmert, muss entsprechend viele legen, damit wenigstens ein paar Babys überleben und nicht von anderen gefressen werden. Wer die Eier selbst ausbrütet, braucht nicht so verschwenderisch mit seinen Eiern sein. Unterschiede gibt es da schon innerhalb einer Gattung. Manche Froscharten legen bis zu 12 000 Eier ins Wasser und verdrücken sich anschließend. Andere Frösche legen gerade einmal 24 Eier, tragen sie aber in einer Rückenfalte mit sich herum. Würmer legen bis zu 60 Millionen Eier im Jahr, Karpfen 750 000, Vögel in der Natur höchstens 30.

Hühnereier sind übrigens nicht die einzigen Eier, die wir Menschen gerne essen. Straußen- und Wachteleier gelten als Delikatessen, und die Fischeier (Rogen) vom seltenen Stör, auch Kaviar genannt, sind etwas ganz Exquisites. Für manche kommen die leckersten Eier sogar von einem Säugetier: Gegen Schokoladeneier vom Osterhasen hat das Huhn keine Chance!

Eiform 131

Tipp:

Vergleiche einmal ein rohes und ein hart gekochtes Ei. Wie unterschiedlich bewegen sie sich? Wie leicht lassen sie sich rollen und wie lange drehen sie sich?

Rohe und gekochte Eier sehen ja von außen gleich aus. Mit einem einfachen Trick kannst du sie sofort unterscheiden: Wenn du ein Ei auf der Stelle drehst, rotiert ein gekochtes Ei viel besser, während das rohe nur müde durch die Gegend torkelt.

Brüten will gelernt sein

Der Drache hatte über Nacht ein prächtiges Ei gelegt. Es war ziemlich groß und so weiß wie frisch geputzte Zähne. Stolz lief er um das Ei herum, polierte hier etwas nach und wischte dort ein Staubkörnchen weg. «Der hat echt keine Ahnung», flüsterte Vincent Karla ins Ohr. Sie sahen sich den stolzen Drachen noch eine Weile an, dann fasste Karla sich ein Herz. «Lieber Drache, es tut uns leid, aber ein Ei ist kein Auto, das schön aussehen soll. Ein Ei musst du ausbrüten. Los, drauf mit dir!» «Ich soll brüten?», erwiderte der Drache, «nein, nein, das ist mir viel zu langweilig.» – «Aber wenn du dein Ei nicht warm hältst, kommt das Drachenbaby darin nie zur Welt», sagte Luisa. «Wer Eier legt, der muss auch brüten. Also an die Arbeit.» Der Drache tat widerwillig, wie ihm geheißen, und legte sich extra umständlich auf das Ei. Missmutig schaute er zu den Kindern herüber. «Und so soll ich jetzt die ganze Zeit liegen bleiben? Tage, Wochen, Monate, Jahre?» – «Bis der kleine Drache aus dem Ei geschlüpft ist», sagte Luisa in einem Ton, der keinen Widerspruch duldete. «Streng dich an!»

Der Drache tat den kleinen Forschern auf einmal leid, wie er da so einsam auf seinem Ei hockte und still vor sich hin brütete. «Wir müssen ihn unterstützen», meinte Karla. «Drachen sind Reptilien und keine Warmblüter wie wir. Wenn er im Kalten sitzt, sinkt seine Körpertemperatur, und er braucht noch länger zum Brüten»,

belehrte Vincent die anderen. Die kleinen Forscher steckten die Köpfe zusammen und tuschelten. Dann holten sie aus dem Keller Bretter, Stangen und Planen. Ruck, zuck entstand um den Drachen ein Gartenhäuschen, das ihn vor Regen schützen würde. Zusätzliche Decken sollten ihn warm und einige Bilderbücher bei Laune halten. «Und jetzt heißt es für dich: Brüten, brüten, brüten!», schärfte Vincent dem Drachen ein, «und bitte spuck kein Feuer, sonst brennt hier nämlich alles ab.» Der Drache nickte brav und schaute den Kindern hinterher, die erschöpft, aber glücklich in das Haus der kleinen Forscher zurückgingen.

«Und jetzt zeig ich euch, warum manche Tiere nicht frieren. Ganz große wie Drachen und ganz kleine», versprach Vincent. Und weil der einzige Drache weit und breit draußen saß, nahm er eine Fliege von der Wand mit ins Labor.

Willst du es auch ausprobieren? Dazu musst du eine ganz gewöhnliche Stubenfliege fangen.

Du brauchst:
- 1 Stubenfliege (natürlich lebendig)
- 1 leeres Marmeladenglas mit Deckel

So fängt's an:
Fange eine Stubenfliege oder besser: lass dir eine fangen. Die Fliege kommt in das verschlossene Marmeladenglas – aber nur für kurze Zeit.

So geht's weiter:
Stell das Marmeladenglas mit der Fliege darin in den Kühlschrank und warte etwa eine Viertelstunde. Dann nimmst du das Glas wieder heraus und schraubst den Deckel ab.

Und das passiert:

Die Fliege fliegt nicht weg. Sie fliegt gar nicht mehr, sondern krabbelt nur noch. Dabei hat sie ihre Flügel eng an den Körper gelegt. Wenn du sie eine Weile beobachtet hast, wird sie irgendwann doch wegfliegen, wenn ihr wieder warm geworden ist. Du kannst auch nachhelfen, indem du die Fliege sachte mit deinem warmen Atem anhauchst.

Das steckt dahinter:

Wenn du bei einer Fliege Fieber messen könntest, würdest du merken, dass ihre Körpertemperatur immer so hoch ist wie die Temperatur um sie herum. Fliegen sind Insekten und haben keine feste Körpertemperatur wie wir Menschen. Sie sind von der Temperatur ihrer Umgebung abhängig. Bei Kälte werden Fliegen langsam und können nicht mehr fliegen, weil sie mit ihren Flügeln nicht mehr schnell genug schlagen können. Deshalb bleiben sie auf dem Boden oder an der Wand und laufen höchstens etwas herum.

Eine Frage noch: Tust du der Fliege weh, wenn du sie in den kalten Kühlschrank setzt? Nein, denn eine Fliege «friert» nicht wie wir Menschen. Im Kühlschrank ist es zwar kühl, aber nicht eiskalt. So kühl wie im Kühlschrank ist es oft auch draußen. Und damit kommen Fliegen prima zurecht. Sonst gäbe es nicht so viele. Trotzdem solltest du sie nicht länger als nötig in Kühlschrank und Marmeladenglas lassen, sondern ihr nach dem Experiment die Freiheit schenken.

Deshalb ist es interessant:

- Insekten sind sogenannte Kaltblüter. Das heißt, sie haben keine feste Körpertemperatur wie etwa wir Menschen, sondern sind genauso kalt oder warm wie ihre Umgebung. Deshalb frieren oder schwitzen sie auch nie.
- Ist es kalt, werden Insekten langsam und können nicht mehr fliegen, weil sie ihre Flügel nicht mehr schnell genug bewegen können. Bei Hitze hingegen laufen Insekten zur Höchstform auf und

werden richtig schnell. Deshalb spielen sie im Sommer oft verrückt und sausen hektisch hin und her.
- Wir Menschen haben eine feste Körpertemperatur und sind immer gleich warm. So sind wir auch immer gleich schnell, sogar im Winter. Das macht uns unabhängig vom Wetter. Deswegen können wir überall auf der Welt leben und zu jeder Jahreszeit arbeiten.

Für ganz Wissbegierige:

Säugetiere, zu denen auch wir Menschen gehören, und Vögel sind sogenannte Warmblüter. Ihr Körper hat immer eine bestimmte Temperatur. Deshalb bezeichnet man sie auch als gleichwarm. Bei Vögeln liegt die Körpertemperatur – je nach Art – zwischen 38 und 44 °C, bei Säugetieren zwischen 30 und 41 °C. Um den Körper gleich warm halten zu können, muss bei Kälte geheizt werden, was der Körper beim Frieren durch Zittern macht. Bei Hitze muss der Körper gekühlt werden, was durch Schwitzen geschieht.

Die Körpertemperatur des Menschen beträgt 37 °C – ungefähr, denn diese Temperatur schwankt im Lauf des Tages um etwa 1 Grad. Bis 38 °C kann man von erhöhter Temperatur sprechen, darüber ist es Fieber. Hohes Fieber beginnt bei 39 °C und kann bis über 40 °C gehen. Kritisch wird es ab 41 °C, weil die hohe Temperatur dann den Körper schädigen kann.

Alle anderen Tiere wie Reptilien, Fische oder Insekten können ihre Körpertemperatur nicht regulieren und sind abhängig von der Umgebungstemperatur. Sie bilden die Gruppe der wechselwarmen Tiere.

Tipp:

Wenn du magst, kannst du einmal mit Hilfe deiner Eltern Fieber messen. Zum Beispiel morgens, mittags und abends. Wie unterscheidet sich deine Körpertemperatur? Wann ist sie am höchsten?

Abschied von den Drachen

Die kleinen Forscher hatten es nur gut mit dem Drachen gemeint, als sie um ihn ein Gartenhäuschen errichtet und ihn in Decken eingewickelt hatten. Doch nun rann ihm der Schweiß von der Stirn. Wie ein begossener Pudel hockte er auf seinem Ei und brütete, was das Zeug hielt.

Offensichtlich schwitzte der Drache so sehr, dass das Brüten im Handumdrehen beendet war. Jedenfalls knackte es schon am übernächsten Tag unter dem Drachen, und bevor er aufstehen konnte, piepste ein dünnes Stimmchen: «Puh, ist das heiß hier. Lass mich mal raus!» Und ein niedliches, kleines, rosa gestreiftes Drachenbaby kroch unter dem Drachen hervor. Der Drache platzte fast vor Stolz – und die

Stärkebrei 137

kleinen Forscher auch. Irgendwie waren sie ja alle Eltern dieses süßen Drachens, der nie das Licht der Welt erblickt hätte, wenn nicht alle gemeinsam angepackt hätten. Sogar Feuerspeien konnte der Kleine schon. Na ja, vielleicht so viel wie ein Feuerzeug, aber es reichte, um eine Freudenkerze anzuzünden.

«Es tut mir schrecklich leid, Freunde», sagte der Drache auf einmal, «aber ich muss nun mit dem Drachenbaby heim nach Feuerland. Nur dort kann es lernen, was einen echten Drachen ausmacht: mit Feuerbällen jonglieren, Würstchen knusprig braten und Burgfräulein entführen.» Nach einem gelungenen Grillabend machten sich Drache und Drachenkind noch in derselben Nacht auf den Weg nach Feuerland. Lange schauten die kleinen Forscher den beiden nach und sahen die Feuerbälle, mit denen sie sich den Weg leuchteten, immer kleiner werden. Drachenbabys können nämlich noch nicht fliegen, aber um getragen zu werden, sind sie zu schwer. Also heißt es: Laufen!

Am nächsten Tag waren großer und kleiner Drache wieder da. «Ihr müsst uns helfen, unterwegs ist ein Sumpf. Da kommen wir nicht drüber. Was sollen wir nur machen?» «Ich glaube, ich habe da eine Idee», meinte Luisa und lief in den Keller. Richtig, da standen noch die großen Säcke. «Hilf mir mal», bat Luisa den Drachen, und gemeinsam holten sie die Säcke nach oben. «Nehmt die Säcke und streut das Pulver darin in den Sumpf. Wartet, bis alles im Wasser ist, und dann hüpft ihr einfach über den Sumpf», tat Luisa geheimnisvoll und schärfte den Drachen zum Schluss ein: «Aber ihr müsst mir versprechen, nicht stehenzubleiben. Sonst wirkt das Zauberpulver nicht mehr!»

Der Drache schulterte die Säcke mit dem geheimnisvollen Pulver, nahm das Drachenkind bei der Hand und machte sich schwer bepackt wieder auf den Weg. Stunden später sahen die kleinen Forscher in der Ferne eine Staubwolke und hüpfende Drachen. Ob sie gut über den Sumpf gekommen waren?

Lüfte das Geheimnis des Zauberpulvers, mit dessen Hilfe die Drachen den Sumpf überquert haben!

Du brauchst:
- 1 Schüssel
- 1 Teelöffel
- Maisstärke aus dem Lebensmittelmarkt (z. B. Soßenbinder)
- Wasser
- 1 leeren Küchentisch

So fängt's an:
Gib etwa 5 Teelöffel Maisstärke in die Schüssel.

So geht's weiter:
Schütte langsam etwas Wasser dazu und rühre gaaanz langsam um, bis ein dicker Brei entsteht.

Und das passiert:
Wenn du schneller rührst, wird der Brei auf einmal fest und bremst dich aus. Der Löffel bleibt richtig stecken, als ob er festgehalten wird. Lässt du den Löffel los, sinkt er zur Seite.

Tippe mit dem Finger schnell und kräftig auf den Brei. Seine Oberfläche wird hart wie Beton, und dein Finger stößt an. Stecke deinen Finger langsam in den Brei, und er taucht ein. Je nachdem, wie du mit

Stärkebrei

dem Brei umgehst, verhält er sich anders. Er mag keine schnellen Bewegungen, sondern nur langsame.

Gieße etwas Brei auf den Tisch. Wenn du die Schüssel dabei hin und her bewegst, wird der Brei, der ausläuft, starr wie ein Eiszapfen. Bewege die Schüssel leicht auf und ab. Beim Anheben wird etwas Brei vom Tisch mit hochgehoben.

Gieße etwas Brei in einen Becher. Wenn du den Becher plötzlich umdrehst, fließt nichts heraus, weil der Brei für kurze Zeit fest geworden ist. Versuche, etwas Brei aus dem Becher in die leere Dusch- oder Badewanne zu schleudern. Es wird dir nicht gelingen, weil sich der Brei im Becher festhält.

Aus einfacher Maisstärke hast du einen Zauberbrei hergestellt, der ungiftig ist und den du sogar essen kannst! Er riecht und schmeckt nach nichts – das ist typisch für Stärke.

Das steckt dahinter:

Mit ganz einfachen Zutaten lässt sich ein Brei herstellen, der es in sich hat. Er kann flüssig sein, aber auch fest. Je nachdem, wie du mit ihm umgehst. Damit verhält er sich widersprüchlich oder «paradox». Wir sind gewohnt, dass etwas entweder fest oder flüssig oder gasförmig ist. Wasser etwa kann fest (Eis), flüssig (Wasser) oder gasförmig (Dampf) sein, aber nie zwei Sachen auf einmal, etwa fest und flüssig. Dieser Brei schon.

Deshalb ist es interessant:
- Stoffe sind normalerweise fest, flüssig oder gasförmig.
- Manche Stoffe können ihre Eigenschaften verändern, je nachdem, wie man mit ihnen umgeht.
- Über einen Brei von Maisstärke kann man sogar drüberlaufen, weil er fest wird, wenn man ihn schnell berührt. Bleibt man stehen, sinkt man ein.

Für ganz Wissbegierige:
Schuld an dem eigenwilligen Verhalten des Maisstärke-Breies sind die winzigen Stärkekörnchen, die sich in Wasser nicht auflösen, sondern nur mit dem Wasser mischen. Der Fachausdruck für solch eine Mischung heißt «Suspension». Wird auf diese Maisstärke-Suspension gedrückt, quillt das Wasser zwischen den Stärkekörnchen heraus, und die Körnchen reiben aneinander. Dabei bleiben sie richtig aneinander haften, und die Suspension wird fest. Lässt man los, verteilen sie sich wieder im Wasser.

Würde man in der Badewanne Maisstärke anrühren, könnte man darüberlaufen, wenn man schnell genug ist. Sobald man stehenbliebe, würde man jedoch einsinken. Entsprechende Versuche, bei denen Personen über eine Maisstärke-Suspension laufen, gibt es tatsächlich im Internet zu sehen.

Übrigens verhält sich jede Flüssigkeit im Grunde so wie die Maisstärke-Suspension, denn sie braucht etwas Zeit, um auszuweichen, wenn man drückt. Das lässt sich spüren, etwa beim Sprung ins Schwimmbecken. Denn auch das Wasser ist im ersten Moment sehr hart, bevor es ausweicht und unseren Körper eintauchen lässt.

Tipp:
Im Spielwarenhandel gibt es Zauberknete, die genauso funktioniert wie dein Zauberbrei. Und sogar noch etwas besser! Wenn man sie in Ruhe lässt, zerfließt sie langsam. Aber man kann sie kneten und etwa zu einer Kugel formen, die wie ein Flummi hüpft.

Achtung, Dammbruch!

Einmal in der Woche war bei den kleinen Forschern «Katastrophentag». Dann durfte irgendetwas Albernes, Lächerliches, Gefährliches oder Überflüssiges ausprobiert werden. Und zufällig war heute Katastrophentag. «Was haltet ihr von einem zünftigen Vulkanausbruch?», fragte Vincent. Alle winkten müde ab und betrachteten die Flecken auf ihrer Kleidung vom letzten Mal. Marmelade ist zwar ein leckeres Magma, klebt aber auch fürchterlich und lässt sich nur schwer auswaschen. «Ich hab's», rief Karla, «wir stauen den Bach!» Das war die Idee. Die kleinen Forscher quietschten vor Vergnügen und rannten zum nahe gelegenen Wasserlauf.

Schnell war ein Staudamm gebaut, der bald kolossale Ausmaße annahm. Er war so hoch, dass die kleinen Forscher nur über seinen Rand schauen konnten, wenn sich vier aufeinanderstellten. Dahinter staute sich ganz bestimmt das Wasser für Tausende von Badewannen. Die kleinen Forscher blickten stolz und zufrieden auf ihr Werk. Da geschah es.

Zuerst gab es nur einen ganz feinen Riss im Staudamm, durch den Wasser herausrann. Aber er wurde schnell größer, und bald war klar, dass nicht nur eine Riesenschweinerei, sondern auch eine gefährliche

Überschwemmung drohte. «Wir Wahnsinnigen, was haben wir bloß getan?», schrie Luisa. «Wir müssen unser Haus retten, die Wassermassen reißen es sonst fort!» «Schützen wir es mit Sandsäcken», schlug Vincent vor. «Und woher bitte sollen wir die nehmen?», fragte Luisa. Da durchzuckte es Karla: «Wir haben keine Sandsäcke, aber wir bauen einen Schutzwall aus Luftballons um unser liebes Haus.» «Aber die fliegen uns doch alle weg!» Luisa war verzweifelt. «Nein», beruhigte Karla sie, «nicht wenn wir sie mit Sand füllen. Dann können wir sie sogar prima aufeinander stapeln, du wirst schon sehen.»

Gesagt, getan. Sofort durchsuchten die kleinen Forscher das Haus nach Luftballons und kamen mit ganzen Armen voll zurück. Hastig wurden die Ballons mit Sand gefüllt und zu einem mächtigen Wall rund um das Haus aufgetürmt. Kaum waren sie fertig, passierte es: Der Staudamm zerbarst, und in einem Riesenschwall ergoss sich das Wasser rings um das Haus. Doch nicht einmal Katze Berleburg bekam nasse Füße, so dicht hielt der Wall aus Abertausenden von Sandbällen. «Fein, wenn das Wasser abgeflossen ist, können wir mit den Sandbäl-

len spielen», freute sich Karla. Und so kam es dann auch. Am meisten freute sich Berleburg, welche die Bälle zwischen ihren trockenen Pfoten jonglierte, dass es eine Freude war.

Selbst ohne Überschwemmung sind Sandbälle eine feine Sache. Hast du gerade Lust und Zeit, dir einen zu basteln?

Du brauchst:
- 2 Luftballons
- Sand (aus dem Sandkasten)
- 1 Haushaltstrichter
- 1 Kinderschere

So fängt's an:
Du steckst den Haushaltstrichter in die Tülle eines Luftballons und «fütterst» den Ballon mit Sand, bis er etwa so groß ist wie ein Tennisball. Dazu musst du den Luftballon immer wieder dehnen. Wenn kein Sand mehr hineinzupassen scheint, ziehst du die Tülle in die Länge. Dann rutscht Sand nach. Diesen Sand drückst du anschließend aus der Tülle in den Bauch des Luftballons.

144   Sandball

So geht's weiter:

Wenn der Luftballon so groß wie ein Tennisball ist, legst du die leere Tülle flach auf seinen prallen Luftballon-Bauch. Vom zweiten Luftballon schneidest du vorsichtig die Tülle (und ruhig etwas mehr) ab, sodass du einen Luftballon mit Loch hast. Diesen ziehst du jetzt mit dem Loch nach unten vorsichtig über den sandgefüllten Ballon. Am besten lässt du dir dabei von einem Erwachsenen helfen, der hat größere und kräftigere Hände. Am Schluss ist die Tülle des ersten vollständig vom zweiten Ballon verdeckt und damit abgedichtet. Nun kann kein Sand mehr aus den beiden Ballons heraus. Jetzt kannst du deinen Sandball knuffen und puffen. Wie verändert er sich, wenn du ihn drückst?

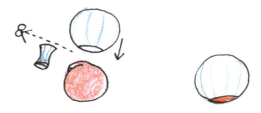

Und das passiert:

Der Sandball behält die Form, die du ihm gibst. Du kannst ihn ganz ähnlich wie Knetgummi verformen.

Das steckt dahinter:

Sandkörner sind nicht rund, sondern eckig. Und Sandkörner sind hart. Wenn sie gegeneinandergedrückt werden, verhaken sie sich ineinander. Hier sorgt der Luftballon dafür, dass die Sandkörner aneinandergedrückt werden. Sobald der Sand im Luftballon nicht mehr lose hin und her rutschen kann und die Luftballonhaut etwas gedehnt wird, ist der Sandball formbar. Statt Luft drückt die Ballonhaut dann den Sand zusammen und hilft ihm so, dass sich seine Sandkörner aneinander festhalten. Außerdem hilft die Feuchtigkeit im Sand, die ja Wasser ist.

Die einzelnen Wasserteilchen halten sich nämlich aneinander fest, deshalb wirkt das Wasser wie Klebstoff zwischen den Sandkörnchen.

Deshalb ist es interessant:
- Sand in einem Luftballon verhält sich ähnlich wie Knetgummi. Ein «Sandball» behält eine Form, die man ihm durch Drücken gibt, bei. Das liegt an den einzelnen Sandkörnchen, die sich innen ineinander verhaken und so die Form speichern.
- Feuchter Sand lässt sich besser verarbeiten als trockener, weil Wasser wie Klebstoff zwischen den einzelnen Sandkörnchen wirkt. Aus diesem Grund kann man mit feuchtem Sand auch viel besser Sandburgen bauen.
- Je enger die Körner beieinanderliegen, desto besser haften sie – durch das Wasser – aneinander. So haben die einzelnen Sandkörner Kontakt zu möglichst vielen Sandkörnern um sich herum. Und je mehr Kontakte sie haben, desto fester halten sie untereinander zusammen. Im Luftballon-Ball sind die Körner zwangsläufig dicht gepackt, da die gespannte Ballonhaut sie zusammendrückt.

Für ganz Wissbegierige:
Sand besteht aus Gesteinskörnern, aus Mineralien. Sie können bis zu zwei Millimeter groß sein, das entspricht einem Stecknadelkopf. Weil Sandkörner so klein und leicht sind, können sie vom Wind fortgeweht werden. Mit ihm reiben sie an Felsen entlang wie Schmirgelpapier, was als deutliche Spuren zu sehen sein kann, wenn Felsen regelrecht abgerieben sind. Das wird auch in der Technik angewendet: Beim sogenannten Sandstrahlen werden scharfkantige Sandkörnchen mit Schmackes auf Oberflächen gesprüht – auf Häuserfassaden, um sie vom Dreck zu reinigen, oder auf Metallteile etwa von Brücken, um den Rost davon zu entfernen.

Mitunter findet man Sand auch in den Hosentaschen neugekaufter Jeans. Wie gelangt er dort hinein? Solche Jeans sind «stone washed».

Dazu werden sie zusammen mit Bimssteinen gewaschen, was ihnen ein abgenutztes Aussehen gibt, das bei manchen Leuten als modisch und schick gilt. Beim Waschen zerreibt sich Bimsstein zu Sand, und ein Teil davon wird in die Hosentaschen geschwemmt. Genauso entsteht Sand in der Natur: Gestein wird zerrieben, und übrig bleibt Sand.

Tipp:
Probiere auch noch andere Füllungen aus. Wie verhalten die sich? Teste doch einmal trockenen und feuchten Sand, groben (Sandkasten-)Sand, feinen (Meeresstrand-)Sand, Erbsen, Reiskörner, Mehl, Zucker, Puddingpulver oder Speisestärke. Wie fühlt sich das an? Was kannst du dabei hören? Wie leicht oder schwer kannst du den Ball verformen? Wie gut und wie lange behält er seine neue Form?

Wenn du ein Mikroskop hast, dann betrachte dir die Sandkörnchen doch einmal ganz genau in der Vergrößerung.

Sandball 147

Schwarze Magie

Es daheim sauber zu haben ist fein. Aber sauber zu machen ist lästig. Und Luisa hatte jetzt die Nase voll: «Ich hab es satt. Immer Aufräumen und Putzen. Macht das doch allein!» Verdutzt schauten sich die kleinen Forscher einen Moment lang an. Dann schmissen die nächsten ihre Putzlappen hin und machten sich aus dem Staub. Vincent, der einen Lappen ins Gesicht bekommen hatte, fand es gar nicht lustig, dass nun alle Arbeit an ihm hängenbleiben sollte.

Vincent grübelte den ganzen Tag, tat die Nacht kaum ein Auge zu und war am nächsten Tag völlig übermüdet. Dann sagte er zu seinen Freunden: «Wozu sind wir eigentlich Forscher? Erfinden wir etwas, auf dass wir nicht mehr schrubben, scheuern und wischen müssen.» Die kleinen Forscher jubelten. «Und ich habe sogar schon eine Idee!», versprach Vincent. «Ich sage nur: Wir erfinden den Lotos-Effekt ganz neu!» Nun wurde es sehr, wirklich sehr geschäftig im Haus der kleinen Forscher. Katze Berleburg verkroch sich lieber in den Keller.

Die kleinen Forscher liefen zuerst mit Kerzen in das Badezimmer und rußten Waschbecken, Badewanne, Dusche, Klo und Kacheln schwarz an. «Klasse», stellte Vincent zufrieden in dem pechkohlra-

benschwarzen Badezimmer fest. «Hier bleibt so schnell kein Schmutz mehr haften.» Die ersten Forscher wurden merkwürdig still. Dann ging es weiter in die Küche. Spülbecken, Kacheln, Dunstabzugshaube, Tisch und Schränke waren bald in dunkles Schwarz gehüllt. Nur mit Mühe konnte Vincent davon abgehalten werden, auch noch das Geschirr anzuschwärzen.

Vincent testete seinen düsteren Lotos-Effekt und war zufrieden. In der Tat blieb nichts mehr auf dem Schwarz haften. Bald war das ganze Haus in ein samtiges, dunkles Schwarz gehüllt. Die kleinen Forscher huschten stumm von Raum zu Raum, und keiner traute sich mehr, etwas zu sagen.

Karla war die Erste, die ihre Stimmung auf den Punkt brachte: «Vincent, es tut mir furchtbar leid. Wir müssen jetzt zwar nicht mehr putzen. Aber wohl fühlen wir uns in diesem schwarzen Haus überhaupt nicht mehr.» Die kleinen Forscher nickten bedrückt. Und Vincent fiel ein Stein vom Herzen. «Wisst ihr was», sagte er, «ihr habt völlig recht!» Erleichterung machte sich breit, und als Karla rief: «Alle Mann an die Lappen!», stürmten die Kinder los und wischten und wienerten, putzten und schrubbten mit einer Lust und Laune wie seit langem nicht mehr.

Willst du den Lotos-Effekt von Vincent einmal ausprobieren? Aber nur ein kleines bisschen. Einverstanden?!

Du brauchst:
- 1 Teelicht
- 1 Untertasse
- 1 Esslöffel aus Metall
- 1 Pinsel
- 1 Trinkglas mit Wasser
- 1 Erwachsenen

Künstlicher Lotos-Effekt 149

So fängt's an:

Dieses Experiment machst du bitte nur mit einem Erwachsenen. Er darf dir helfen oder assistieren, wie die Forscher sagen. Als Erstes soll er das Teelicht anzünden. Du hältst den Metalllöffel mit dem «Bauch» nach unten so dicht über die Kerzenflamme, dass diese anfängt zu rußen und schwarzer Rauch aufsteigt. Bitte fass den Löffel dabei nur ganz hinten am Stiel an, denn dort wird er nur sehr langsam warm. Du darfst die komplette Löffelunterseite vollrußen, bis sie satt schwarz ist. Danach muss der Löffel völlig abkühlen.

So geht's weiter:

Jetzt wird's spannend. Wie viele Dinge im Leben hat jetzt auch der Löffel zwei Seiten: eine schwarze, verrußte und eine blanke, saubere. Du tauchst den Löffel in das Wasserglas und drehst ihn dort hin und her, damit du Ober- und Unterseite des Löffels im Wasser sehen und vergleichen kannst. Dann nimmst du den Löffel wieder heraus.

Und das passiert:

Nach dem Wasserbad ist der Löffel außen, also an seinem «Bauch», trocken und innen nass, was du deutlich an den Wassertropfen auf dem Metall sehen kannst.

Das steckt dahinter:

Dies ist ein künstlicher Lotos-Effekt (siehe hierzu «Das Geheimnis der Tulpenblätter» auf Seite 117). Das Wasser kann den Ruß nicht benetzen, weil er fettig ist. Wie das Wasser von frisch gewichsten Lederschuhen abperlt, perlt hier das Wasser vom Ruß auf dem Löffel ab. Innen im Löffel ist dagegen blankes, sauberes Metall, das sich vom Wasser mühelos benetzen lässt.

Deshalb ist es interessant:

- Es gibt viele Versuche, den Lotos-Effekt aus der Natur nachzuahmen und etwa im Haushalt anzuwenden, damit kein Schmutz mehr auf Waschbecken, Badewanne, Spüle oder Fenstern haften bleibt.
- Faszinierend ist ein weißer Honiglöffel mit Lotos-Effekt, den Forscher entwickelt haben. Von diesem Löffel fließt der Honig spurlos ab, wenn man ihn aus dem Glas holt. Leider ist die Löffeloberfläche bisher für den Alltagsgebrauch zu empfindlich, darum kann man ihn (noch) nicht kaufen.
- Für Häuser gibt es schon eine besondere, selbstreinigende Fassadenfarbe. Werden die Häuserwände damit eingestrichen, perlt das Wasser an ihnen ab, wobei auch Schmutz und Staub abgewaschen werden – dazu reicht schon Regen. Selbstreinigende Wandfarbe für die Tapete würde sich aber nicht lohnen. Schließlich kann man im Wohnzimmer schlecht die Wände abspritzen ...

Für ganz Wissbegierige:

Seit es Menschen gibt, haben sie versucht, der Natur ihre Tricks abzuschauen und für ihre Zwecke zu nutzen. In unserer Zeit wird das sehr systematisch gemacht und ist mittlerweile ein eigenes Forschungsgebiet geworden, das «BIONIK» heißt – eine Kombination aus den Wörtern «BIOlogie» und «TechNIK».

Der «Lotos-Effekt» ist ein typisches und gutes Beispiel für die Bemühungen der Bionik. Auch werden hier schön die Grenzen deutlich: Es gibt zwar Autolacke mit «Lotos-Effekt», was sich sehr praktisch anhört: Nie mehr samstags Auto putzen! Aber: Der Lotos-Lack glänzt nicht wie frisch poliert, sondern ist matt. Und das kommt bei den allermeisten Autobesitzern nicht an. Wie schade!?

Tipp:
Du kannst auch – wie schon den Löffel – die Unterseite einer Untertasse innerhalb des Stehringes einrußen. Ist das Ganze abgekühlt, lässt du vorsichtig von einem Pinsel einen Wassertropfen hineinfallen. Er bildet auf dem Ruß eine runde Kugel, die du Karussell fahren lassen kannst, indem du den Teller geschickt kippst. Mit einem Trinkhalm lässt er sich außerdem leicht hin und her pusten.

Übrigens: Hast du das Experiment zum Lotos-Effekt auf Seite 117 ff. schon gemacht?

Lebende Pappkartons

«Ich kann nicht mehr!», gab Vincent endlich zu. Die kleinen Forscher waren den ganzen Tag gelaufen, und nun taten ihnen die Füße weh. Außerdem war es dunkel geworden, richtig finster. Mit ihren Taschenlampen stocherten sie in der Nacht herum. Luisa sprach es endlich aus: «Freunde, wir schaffen es heute nicht mehr zum Haus zurück. Wir sollten hier übernachten.» «Soll das 'n Witz sein?», brummte Vincent, «hier ist alles total matschig, schau dir mal meine Schuhe an. Ich leg mich nicht auf den Boden, ich bin doch keine Wildsau.» Wenigstens hatte der Regen aufgehört, und ein warmes Lüftchen wehte. «Hinlegen können wir uns hier wirklich nicht», sagte Karla, «da müssen wir uns was anderes einfallen lassen. Denkt mal alle scharf nach.» Und das taten sie.

Statik 153

Ausgerechnet Vincent meldete sich als Erster. «Heureka, ich hab's», rief er, sprach aber in Rätseln: «Wir legen uns hin, aber bleiben stehen. Wir liegen, aber nicht auf dem Boden. Wir haben kein Bett, aber eine Matratze. Forscherfreunde, wie geht das?» «Gar nicht», meinte Luisa achselzuckend. «Und ob!», sagte Vincent. Er teilte die müden Forscher in Vierergruppen ein. Jede Vierergruppe stellte er im Viereck auf und legte sie aufeinander. Das sah aus wie Magie, aber es funktionierte. Die kleinen Forscher in jeder Gruppe standen und lagen wie lebende Pappkartons da, nur ihre Füße berührten den Boden, und die Ersten waren tatsächlich auch schon eingeschlafen.

Am nächsten Morgen kitzelten Sonnenstrahlen die Kinder wach. Langsam entflechteten sie sich und erhoben sich aus ihrer nächtlichen Position. «Die Knochen tun einem danach schon weh», stellte Karla fest, «aber geschlafen habe ich trotzdem. Ich bin fit. Wer noch?» Die meisten Forscherarme gingen hoch, und Vincent erntete für seine Idee nachträglich großes Schulterklopfen. «Das können wir gerne nochmal machen. Aber nur im Notfall», lachte er.

Bestimmt willst du wissen, wie Vincent die kleinen Forscher stehend zum Liegen gebracht hat!? Mit vier Freunden kannst du es ausprobieren.

Du brauchst:
- 4 Freunde
- 4 Stühle oder Hocker

So fängt's an:

Das Schwierigste an diesem Versuch ist, die Stühle richtig hinzustellen. Du stellst die vier Stühle so in einem Viereck auf, dass die Rückenlehnen außen sind. Deine vier Freunde setzen sich auf je einen Stuhl, und zwar seitlich. Dabei befindet sich die Rückenlehne zu ihrer Linken. Sie gucken sich also gegenseitig nicht an. Ihre Knie ragen auch nicht in die Mitte des Stuhlvierecks, sondern beschreiben selbst ein Viereck. Ganz wichtig ist, dass deine Freunde mit den Füßen den Boden berühren. Die Stühle dürfen also nicht zu hoch sein.

Wenn ihr Hocker verwendet, gilt die gleiche Sitzordnung, nur die Rückenlehnen sind eben nicht da.

So geht's weiter:

Deine Freunde sollen sich nach hinten legen, sodass sie mit ihrem Oberkörper auf den Oberschenkeln des hinter ihnen sitzenden Kindes zum Liegen kommen. Sie sollen mit dem Rücken richtig aufliegen. Dann ziehst du deinen vier Freunden der Reihe nach vorsichtig die Stühle unter dem Hintern weg.

Statik

Und das passiert:

Deine Freunde fallen nicht um! Auch ohne Stühle bleiben sie in derselben Position wie vorher: Einer liegt auf dem anderen, und nur die Füße stehen auf dem Boden.

Das steckt dahinter:

Durch diese Haltung stabilisieren sich deine Freunde gegenseitig. Das Gewicht des vorderen Kindes wird von den Beinen des hinteren Kindes getragen. So können sie mit ihren Körpern eine selbsttragende Konstruktion bilden, die in sich stabil ist.

Deshalb ist es interessant:

- Pappkartons können verschlossen werden, indem die vier Klappen oben so ineinandergesteckt werden, dass jeweils eine Klappe über der anderen liegt. Klebeband ist dafür nicht nötig, und der Karton ist trotzdem fest zu.
- Bei «Fachwerkhäusern» stützen sich die Balken gegenseitig. So ist der hölzerne Rahmen von sich aus stabil, ganz unabhängig von den ihn füllenden Ziegelsteinen.
- Alte Eisen(bahn)brücken bestehen aus metallenen Fachwerken und sind so in sich selbst stabil. Ein eindrucksvolles und schönes Beispiel ist die Hohenzollernbrücke, die am Kölner Hauptbahnhof über den Rhein führt. Sie liegt außer am Rand nur an zwei weiteren Pfeilern im Wasser auf, ansonsten hängt sie frei über dem Rhein.

Für ganz Wissbegierige:

Der «lebende Pappkarton» ist ein gutes, praktisches Beispiel für Statik. Dabei funktioniert das Experiment nur, weil die Körper ein Viereck bilden. Würde man Menschen hintereinander setzen und ihnen befehlen, sich in einer Reihe auf die Beine ihrer Hintermänner zu legen, würden sie ruck, zuck nach hinten umkippen.

156   Statik

Erst durch die geschlossene Anordnung, bei der das Ende zum Anfang aufschließt und sich die Schlange sozusagen in den Schwanz beißt, wird die Konstruktion in sich stabil.

Das Problem der Stabilität gibt es auch beim Aufbau eines schlichten Leiterregales, in welches die Regalbretter nur eingehängt werden. Dieses Regal ist ohne Rückwand oder Querstreben nicht stabil: Es kann nach links oder rechts umfallen (wobei die Regalbretter erstaunlicherweise immer waagerecht bleiben). Erst schräge Verstrebungen im Rücken – idealerweise über Kreuz – geben der wackligen Konstruktion die nötige Stabilität, sodass sie nicht mehr seitlich wegkippen kann.

Bei Fachwerkhäusern halten Schrägbalken die einzelnen Fächer in ihrer quadratischen Form, damit der Holzrahmen nicht umfällt wie ein Kartenhaus.

Tipp:
Probiere dieses Experiment einmal mit mehr als vier Kindern, indem du die Stühle nicht im Quadrat, sondern im Kreis aufstellst. Wenn du nicht genug Kinder zusammenkriegst, kannst du natürlich auch Erwachsene damit verblüffen. Nur beide mischen solltest du nicht, weil Erwachsene so viel größer und schwerer als Kinder sind.

Kennst du das Zeichenspiel «Das-ist-das-Haus-vom-Ni-ko-laus»? Es ist ein gutes Beispiel für eine stabile Fachwerkkonstruktion. Würdest du es aus Holz nachbauen, verliehe ihm das Kreuz in der Mitte die nötige Stabilität.

Eiskalte Sprengung

Über Nacht war es unglaublich kalt geworden. Das Thermometer war auf weit unter null Grad gesunken. Kein Wunder, das Haus der kleinen Forscher hatte sich bis an den Polarkreis herangewagt. Reif bedeckte das Dach, und mächtige Eiszapfen hingen bis zum Boden herunter. Das Haus strampelte wie verrückt mit den Beinen, konnte sich aber nicht erheben. Sein Boden war auf dem eisigen Untergrund festgefroren. Das Gebälk ächzte unter seinen Bemühungen, loszukommen.

«Wir müssen unserem Haus helfen», sagte Karla. «Wir können den Kamin in den Keller schleppen und dort kräftig einheizen, vielleicht wird sein Boden davon so warm, dass er sich losschmilzt», schlug Luisa vor. Doch Karla hatte schon eine Lösung parat. «Wir schlagen das Eis mit seinen eigenen Waffen!», verkündete sie. «Wie soll das gehen?», fragte Vincent. «Wir sprengen das Haus mit der Kraft des Wassers frei», sagte Karla und griff sich zwei Handvoll Überraschungseier. Schokoladenhülle und Inhalt warf sie achtlos beiseite, sie interessierten nur die gelben Plastikeier. Sie füllte sie sorgfältig mit Wasser, zog sich Winterstiefel, Anorak und Mütze an und ging vor die Tür. Die kleinen Forscher schauten sich verdutzt an. «Wer weiß, was Karla wieder vorhat», murmelten sie und zuckten mit den Achseln.

Nachts knirschte das ganze Haus. Auf einmal tat es einen Ruck, und alle saßen aufrecht in ihren Betten. «Es hat tatsächlich geklappt», jubelte Luisa und eröffnete eine Kissenschlacht. Viele Kissen und einige Federn später schliefen die kleinen Forscher in ihren Betten, während das Haus sich behutsam wieder wärmeren Gefilden zuwandte. Rundherum hingen noch einige der knallgelben Plastikeier, die Karla mit Wasser gefüllt und dem Haus untergeschoben hatte.

Willst du wissen, wie die kleinen Forscher das Eis mit seinen eigenen Waffen geschlagen und das festgefrorene Haus vom Boden gelöst haben? Kein Problem: Mach einfach den folgenden Versuch!

Du brauchst:
- Wasser
- 1 gelbes Plastikei aus einem Überraschungsei

So fängt's an:
Fülle ein Spül- oder Waschbecken mit so viel Wasser, dass du die beiden Plastikeihälften eintauchen und so unter Wasser zusammenfügen kannst, dass keine Luft mit hineinkommt.

So geht's weiter:
Das mit Wasser gefüllte und verschlossene gelbe Plastikei legst du nun 24 Stunden lang ins Eisfach.

Und das passiert:
Wenn du das Ei nach einem Tag aus dem Gefrierfach holst, ist es geplatzt. Beide Hälften sind auseinandergeschoben, dazwischen ist der Eisblock des gefrorenen Wassers zu sehen.

Das steckt dahinter:
Wenn Wasser gefriert, dehnt es sich aus. Dabei entwickelt es so viel Kraft, dass es die Eihälften auseinanderdrückt.

Deshalb ist es interessant:
- Die allermeisten Stoffe auf der Welt ziehen sich immer weiter zusammen, wenn es kälter wird, sie schrumpfen ein kleines, meist nicht sichtbares bisschen.
- Bei Wasser ist es anders. Es dehnt sich wieder aus, wenn es gefriert. Es hat eine «Anomalie», sagen die Wissenschaftler. Das ist keine Krankheit, sondern eine ganz besondere Eigenschaft des Wassers, es verhält sich einfach anders als erwartet, also «nicht normal» oder «unnormal». Wer es ganz genau wissen möchte: Wenn Wasser abkühlt, benimmt es sich bis zu einer Temperatur von +4 °C normal, denn es zieht sich immer weiter zusammen. Wird Wasser allerdings kälter als +4 °C, dehnt es sich wieder aus.
- Wenn Wasser sich beim Gefrieren ausdehnt, entwickelt es enorme Kraft und kann selbst Felsen sprengen, wenn es in Ritzen fließt und dort gefriert.

Für ganz Wissbegierige:
In der Tat entwickelt Wasser unglaubliche Kräfte und ist für viele «Frostschäden» verantwortlich – Autofahrer können ein Lied davon singen. Nach jedem Winter (vorausgesetzt, es hat gefroren) sind die Straßen aufgeplatzt. Ursache ist Wasser, das in die Straßendecke geflossen ist und diese beim Gefrieren wegdrückt. Im Gebirge etwa sorgt Wasser für viele Frostsprengungen, zerlegt also regelrecht das Gestein von Felsen. So ist Wasser verantwortlich für die stetige Abtragung beziehungsweise Erosion der Gebirge.

Erstaunlich ist jedoch, dass Wasser nicht nur sprengt, sondern auch kittet. In Regionen des ewigen Eises, etwa in Gletschergebieten im Gebirge, hält es ganze Berge zusammen. Gefrorenes Wasser in Bergspalten wirkt wie Zement. Daher ist der Klimawandel mit seiner Erwärmung für die Bergwelt eine Bedrohung: Wird es wärmer, steigt die Schneegrenze. Nicht nur Gletscher schmelzen dann, auch das gefrorene Eis in Bergspalten. Dadurch verliert der Fels an Festigkeit, und es kommt zu Abgängen – gefährliche Steinlawinen, die zu Tal stürzen, sind die Folge. Das macht weite Teile etwa der Alpen für den Menschen gefährlich, da das Gestein dort unberechenbar wird.

Tipp:
Um die Kraft des Wassers zu testen, kannst du die Naht des Eies auch mit Klebefilm verschließen oder sogar mit Klebstoff. Schafft es das Wasser, solch ein Ei zu sprengen? Und funktioniert der Versuch auch mit Milch? Probiere weitere Stoffe aus: Sahne, Vanillepudding, Götterspeise. Im Namen der Wissenschaft darf ruhig auch etwas geferkelt werden!

Rettet das Geheuer

Das Haus der kleinen Forscher war die ganze Nacht gewandert und schließlich an einem Ort angekommen, der den Kindern merkwürdig bekannt vorkam. «Ich glaub, ich fress 'nen Besen», rief Vincent, als er morgens aus dem Fenster sah, «wenn das nicht das Loch Nass ist.» «Sag lieber ‹war›. Jetzt sieht es eher wie das Loch Trocken aus», sagte Karla. In der Tat: Die hohen Felswände, das dunkle Tal – allein das Wasser fehlte, in dem das Seegeheuer einst hauste. «Wo ist denn das Geheuer?», fragte Luisa und blickte sich um. In dem Moment sahen die Kinder hinten im Tal eine Staubwolke, die schnell näher kam. Vincent holte das Fernrohr hervor, richtete es auf die Staubwolke und rief: «Das ist mir nicht geheuer!»

Die Staubwolke stammte tatsächlich vom Geheuer. Doch was war aus ihm geworden! Nicht viel größer als ein Pudel kam es angerast. «Endlich seid ihr da!», japste es und blickte die kleinen Forscher dabei so vorwurfsvoll an, dass die nervös von einem Bein aufs andere traten. «Da habt ihr ja was angerichtet mit eurer Wasserleitung. Das ganze Wasser ist weg. Ihr habt mein Loch Nass trockengelegt.» Die Kinder schluckten. Das hatten sie nicht gewollt. Es war doch nur gutgemeint gewesen, als sie das Wasser (siehe Seite 48 ff.) abließen. «Und nun bin ich geschrumpft wie eine vertrocknete Mandarine», fuhr das Geheuer in vorwurfsvollem Ton fort. «Das tut uns wirklich leid», beteuerte Karla und winkte die kleinen Forscher zusammen. Gemeinsam beratschlagten sie eine halbe Stunde, dann verkündete Luisa: «Wir machen dich wieder groß und stark und dein Loch Nass zu einem echten See. Versprochen ist versprochen. Indianerehrenwort!»

Die Kinder holten alle Küchenpapierrollen aus dem Haus und liefen vollbepackt zu einem höhergelegenen See. Hier legten sie den Anfang der Küchenpapierrollen hinein und liefen langsam zum Loch Nass zurück, wobei sie das Küchenpapier abwickelten. Lange Bahnen Saugpapier verbanden nun den vollen und den leeren See, und siehe da, schon begann es, aus dem Papier ins Loch Nass zu tropfen. «Du stellst dich jetzt in die erste Pfütze und saugst ordentlich Wasser auf, damit du wieder wächst», befahl Luisa. Das Geheuer tat, wie ihm geheißen. Am nächsten Morgen war es tatsächlich schon so groß wie ein Seeelefant und sein See schon einen Meter tief voll Wasser gelaufen.

Möchtest du wissen, wie man mit Haushaltstüchern einen See füllt? Dann mache folgenden Versuch.

Du brauchst:
- 2 Trinkgläser
- Wasser
- 1 Blatt Saugpapier von der Küchenrolle

So fängt's an:
Du füllst ein Glas mit Wasser voll. Das andere Glas bleibt leer. Dann faltest du das Blatt Saugpapier immer wieder der Länge nach, bis du einen etwa fingerbreiten Streifen erhältst.

Kapillarkräfte 163

So geht's weiter:
Lege nun den Papierstreifen so über beide Gläser, dass das eine Ende in das volle und das andere Ende in das leere Trinkglas ragt.

Und das passiert:
Der Papierstreifen saugt sich im vollen Glas sofort voll Wasser und wird ganz nass und schwabbelig. Das andere Ende bleibt noch trocken, doch du kannst sehen, wie das Wasser im Papier vom vollen zum leeren Glas wandert, bis das ganze Papier nass ist.

Nach einer halben Stunde hat sich in dem leeren Glas unten eine Wasserpfütze gebildet. Nach mehreren Stunden sind beide Gläser plötzlich gleich voll – das volle Glas hat sich wie von Geisterhand geleert und das leere gefüllt. Schuld daran kann nur das Papier sein, das beide Gläser miteinander verbindet.

Das steckt dahinter:
Papier saugt Wasser auf. Das kennst du bereits von Küchenrollen, Papiertaschentüchern und Toilettenpapier. Aber es saugt Wasser nicht nur auf, es leitet Wasser fast wie eine richtige Wasserleitung und ganz ähnlich wie beim Experiment «Das Geheuer von Loch Nass» (siehe Seite 50 ff.). Wie kommt das?

Papier besteht aus sehr vielen Fasern, die ganz dicht beieinanderliegen. Zwischen diesen Fasern und in den Fasern selbst wird das Wasser hinaufgesogen. Je enger die Fasern beieinanderliegen, desto weiter kann das Wasser hinaufsteigen. Wenn in beiden Gläsern gleich viel Wasser ist, stoppt das Ganze.

Deshalb ist es interessant:
- Papier saugt Flüssigkeiten wie Wasser auf. Deshalb steigt das Wasser im vollen Glas nach oben in das Küchenpapier und wird darin weitergeleitet wie in einem Rohr.

- Im leeren Glas fällt das Wasser herunter, solange der Wasserpegel dort niedriger ist als im anderen Glas.
- Die vielen kleinen Röhrchen im Papier, die Papierfasern, wirken zusammen so wie ein einziges Rohr, etwa ein Trinkhalm.

Für ganz Wissbegierige:

Papier wird aus Holz gemacht. Und Holz kommt von Bäumen. Über Stamm, Ast und Zweig leitet Holz das Wasser von den Wurzeln im Boden bis zur Baumspitze hinauf. Das geschieht in vielen kleinen, haarfeinen Röhrchen, den sogenannten Fasern. Aus diesen Fasern wird Papier gemacht. Deshalb saugt Papier normalerweise viel Wasser auf. Erst mit Tricks bei der Papierherstellung wird etwa Schreibpapier dazu gebracht, kein Wasser aufzunehmen, sonst würde alles verschwimmen, was mit Tinte geschrieben oder gedruckt wird. Damit Papier Wasser abstößt, wird es unter anderem geleimt.

Lösch- und Küchenpapier dagegen ist in dieser Hinsicht unbehandelt und kann mehr als das Zehnfache (!) seines eigenen Gewichtes an Wasser aufnehmen, ohne dass etwas heraustropft. Dabei wird das Wasser sowohl in den Papierfasern selbst als auch zwischen den einzelnen Papierfasern festgehalten.

Weil die Papierfasern sehr dünn sind und dicht beieinanderliegen, wirken sogenannte Kapillarkräfte auf das Wasser. Diese sind stärker als die Schwerkraft, sodass das Wasser im Papier hochgesogen wird. Es steigt quasi von allein in den Papierfasern nach oben, welche die Kapillaren bilden, das sind sehr dünne, feine Röhrchen.

Tipp:

Probiere diesen Versuch auch einmal mit anderen Zutaten aus. Verbinde die beiden Gläser zum Beispiel mit Papiertaschentüchern, Stofftaschentüchern, Wollfäden, einer Kordel oder einem Schnürsenkel. Womit klappt es am besten?

Ein Wetterfühler für Berleburg

«Hat jemand Berleburg gesehen?», fragte Luisa ihre kleinen Forscherkolleginnen und -kollegen. Niemand meldete sich. «Mmmhh», sagte Luisa bedeutungsvoll, «dann müssen wir sie suchen. Denn ein Tag ohne Katze ist wie Weihnachten ohne Geschenke.» «Oder wie Geburtstag ohne Torte», ergänzte Karla. «Nein, wie Ostern ohne Eier», wusste Vincent es wieder mal besser.

Im Keller stießen sie auf Berleburg, die es sich neben der warmen Heizung gemütlich gemacht hatte. «Kein Wunder, bei dem Hundewetter draußen», sagte Luisa. «Berleburg hockt mir in jüngster Zeit viel zu viel im dunklen Keller», äußerte Karla besorgt. «Und das nur, weil wir ihr die Tulpenblätter (siehe Seite 117 ff.) abgenommen haben. Die feine Dame hat furchtbare Angst, nasse Pfoten zu bekommen.» «Dann bauen wir Berleburg eben eine wetterfühlige Katzentür», schlug Vincent vor, «die sie nur bei gutem Wetter rauslässt.» Und er machte sich mit Luisa an eine ausgetüftelte Konstruktionszeichnung. Karla hörte nur Worte wie «Kiefernzapfen», «Luftfeuchtigkeit» und «Hühgrohmeta», als die beiden auch schon freudestrahlend zu ihr kamen und ihr die erste vollautomatische «Gut-Wetter-Katzentür» vorstellten. Sie wollten, direkt neben der Haustür, einen Extraausgang für Berleburg schaffen, der sich nur bei schönem Wetter öffnen ließ. «Trockene-Pfoten-Wetter», wie Luisa es nannte. «Und wie soll das funktionieren?», fragte Karla skeptisch. «Mit einem ganz normalen Kiefernzapfen, wie er draußen überall herumliegt», antworteten Luisa und Vincent wie aus einem Munde.

Gesagt, getan. Der ganze Vormittag ging mit Sägen und Schrauben drauf, dann war es so weit. Berleburg bekam feierlich die Katzentür gezeigt. Mit hoch erhobenem Schwanz marschierte sie durch ihre eigene Tür nach draußen, wo gerade gutes Wetter war. Anerkennend klopften die kleinen Forscher Vincent und Luisa auf die Schultern. Und von Berleburg gab es später noch eine Extrarunde Um-die-Beine-Streichen als Dank.

Vincent brachte sich rasch noch einen Kiefernzapfen am Bett an. Damit er schon beim Aufwachen wusste, ob es sich überhaupt lohnen würde, aufzustehen – denn er hasste Regenwetter.

Möchtest du dir auch einen Wetterfühler bauen? Es muss ja nicht gleich eine Katzentür für Berleburg werden.

Du brauchst:

- 1 Kiefernzapfen
- 1 Trinkhalm mit Knick
- etwas Knetgummi

So fängt's an:
Besorge dir im Wald oder aus einem Garten einen Kiefernzapfen. Wenn er geschlossen ist, lässt du ihn eine Weile auf der Heizung oder in der Sonne trocknen, bis er sich geöffnet hat. Nimm den Trinkhalm zur Hand und probiere aus, über welche Schuppe des Zapfens er am besten passt, sodass er nicht so leicht wieder abgeht. Dann gibst du einen Tropfen Klebstoff in das Ende des Trinkhalms und steckst ihn noch einmal auf die Schuppe.

So geht's weiter:
Stelle den Kiefernzapfen nun mit der Spitze nach oben in etwas Knetgummi, das du auf Tisch oder Fensterbank befestigt hast. Die Knete hält ihn unten fest, damit er gerade steht und nicht zur Seite kippt. Am allerbesten ist der Zapfen draußen auf der Fensterbank aufgehoben, sodass du durch das Fenster einen Blick auf ihn werfen kannst.

Und das passiert:

Der Trinkhalm bewegt sich, je nach Wetter. Ist es draußen feucht, zeigt der Trinkhalm-Zeiger nach oben. Ist es trocken, steht der Zeiger weiter unten.

Das steckt dahinter:

Der Kiefernzapfen reagiert sehr empfindlich auf Feuchtigkeit. Ist es feucht und nass, schließt er sich, ist es trocken und warm, öffnet er sich. Ist es etwas feucht, öffnet er sich nur halb. Wenn du einen Trinkhalm über eine Schuppe steckst, verdeutlicht er die Stellung der Schuppen: Eine kleine Änderung beim Zapfen bewirkt eine große Änderung beim Trinkhalm-Zeiger.

Deshalb ist es interessant:

- Kiefernzapfen sind ein natürliches Hygrometer, also ein natürliches Luftfeuchtigkeitsmessgerät, weil sich an der Stellung ihrer Schuppen ablesen lässt, wie viel Wasserdampf in der Luft ist.
- Je feuchter es ist, desto mehr schließen sich die Zapfen und desto wahrscheinlicher ist es, dass es regnen wird. Wenn so viel Wasserdampf in der Luft ist, dass die Luft die Feuchtigkeit nicht mehr – in Form von Nebel oder Wolken – halten kann, bilden sich große Wassertropfen, die als Regen zur Erde fallen.
- Je trockener es hingegen ist, desto stärker öffnen sich die Kiefernzapfen, damit die Samen aus ihnen herausfallen und vom Wind weit weg getragen werden können. Das funktioniert bei trockenem Wetter am besten. Bei feuchtem Wetter schließen sich die Zapfen wieder und halten ihre Samen fest.

Für ganz Wissbegierige:

Kiefernzapfen können unglaublich alt werden. Bei der Bergkiefer bleiben sie bis zu zwölf Jahre an den Zweigen hängen. Auch die Waldkiefer behält ihre Zapfen lange bei sich: Erst im dritten Jahr öffnen sich die nun reifen Zapfen und geben ihre Samen frei. Das tun sie nur bei gutem Wetter. Schon im April kann man in einem Kiefernwald das Knacken und Wispern hören, wenn sich die Zapfen das erste Mal öffnen. Dabei kleben die einzelnen Schuppen zuerst noch aneinander, doch die Kraft des Zapfens ist so groß, dass die Verklebung hörbar reißt und die Schuppen sich spreizen.

Der Kiefernzapfen öffnet sich rein physikalisch, denn er ist totes Holz. Und er verbraucht sich dabei nicht, er kann also viele Male auf- und zuklappen. Die Schuppen bestehen aus Fasern, die Feuchtigkeit aufnehmen und dadurch aufquellen. Trocknen die Fasern, schrumpfen sie, und die Schuppen biegen sich mehr oder minder weit auseinander, je nach Luftfeuchtigkeit und damit Wetter.

Diesen Mechanismus macht sich unser Kiefernzapfen-Hygrometer zunutze. Auch das «Haar-Hygrometer», das etwas komplizierter ist, arbeitet mit einem Gegenstand aus der Natur – nämlich einem menschlichen Haar. Sogar bei den netten Wetterhäuschen, wo etwa eine Frau mit Korb und ein Mann mit Regenschirm das Wetter anzeigen, ist Natur eingebaut: Ein Stück Tierdarm dreht die Figuren rein und raus, weil er sich – wie das Haar – bei Feuchtigkeit ausdehnt.

Tipp:
Schreibe ein kleines Wetter-Tagebuch. Wenn du den Zapfen draußen, hinter der Fensterscheibe aufstellst, reagiert er sofort auf das Wetter. Auf der Fensterscheibe kannst du dir dann mit einem Stift markieren, wie weit der Zeiger nach oben und unten ausgeschlagen hat (das lässt sich später einfach von der Scheibe wischen, wenn du es nicht mehr haben willst). In einem kleinen Buch oder auf einem Zettel kannst du dir für jeden Tag notieren, wie der Zeiger gestanden hat und welches Wetter draußen war. Du kannst für dich auch einen kleinen Wettbewerb machen: Wie weit hoch und wie weit runter schafft es der Zeiger?

Verlaufen!

Wandern ist klasse, solange man weiß, wo es langgeht. Im Moment fanden die kleinen Forscher Wandern nicht so klasse, denn sie hatten sich ordentlich verlaufen. «Hat einer noch irgendeine Ahnung, wo wir uns befinden?», fragte Luisa vorsichtig. «Klar», sagte Vincent, «alles unter Kontrolle.» «So», meinte Luisa, «ist ja interessant. Und wo, bitteschön, ist Norden?» Ja, das war die Preisfrage. Alle Arme streckten sich in alle möglichen und unmöglichen Richtungen. «Da haben wir den Salat», stellte Luisa fest. «Wir haben uns total verirrt.» Jetzt war guter Rat teuer. Vincent hatte schon die Wanderkarte aufgeklappt. Aber wie herum musste er sie richtig legen? Wo waren Norden, Süden, Osten, Westen? «Wer hat einen Kompass?», fragte Vincent in die Runde. Keiner antwortete. Zum ersten Mal in dieser Woche waren die kleinen Forscher ratlos. Und schutzlos. Denn am Himmel brauten sich die Wolken zusammen. Ein Unwetter bahnte sich an.

«Ich baue uns schnell einen Kompass», hatte Karla die rettende Idee und kramte in ihrem Rucksack. Schließlich zog sie etwas unscheinbares Graues heraus. «Das ist ein Magnet von unserem kaputten Küchenschrank.» Die Begeisterung hielt sich in Grenzen. Dann kramte Karla nach ihrem Nähzeug für unterwegs und zog eine Garnrolle hervor. Jetzt verstanden die kleinen Forscher, was sie wollte. Flugs war ein Kompass aufgebaut. Jetzt hatten sie wieder Orientierung und erkannten, wo sie sich befanden. Die Berge lagen im Osten, der See hinter ihnen im Süden und vor ihnen, im Norden, musste das Haus der kleinen Forscher sehnsüchtig auf seine Bewohner warten. Jedenfalls hatte Vincent da einen dicken, fetten Punkt eingezeichnet. «Nehmt die Beine in die Hand und macht, dass ihr nach Hause kommt», spornte Luisa ihre Freunde an. «Aber schaut nicht nach oben.» Dort braute sich gerade ein Riesen-Donnerwetter zusammen.

Gerade als die ersten dicken Tropfen fielen, schlüpften die kleinen Forscher erleichtert und fröhlich ins Haus. Gebannt verfolgten sie von den Fenstern aus, wie die Blitze zuckten und ein tolles Unwetter niederging. Währenddessen schritt das Haus durch Wind und Regen zum nächsten Abenteuer.

Kannst du einen Kompass gebrauchen? Dann bau dir einen. Hier steht, wie's geht.

Du brauchst:
- 1 länglichen Magneten (Stabmagnet)
- 1 möglichst dünnen Faden (Zwirn oder Nähgarn), so lang wie ein Arm
- 1 Holztisch
- 1 Kompass
- Klebefilm

So fängt's an:
Knote das eine Ende des Fadens in der Mitte um den Magneten.

So geht's weiter:

Das andere Ende des Fadens klebst du mit etwas Klebefilm auf dem Holztisch fest, sodass der Magnet am Faden über der Tischkante fast bis knapp über den Boden herunterhängt. Der Magnet muss sich ungehindert drehen können, darf also gegen nichts stoßen.

Und das passiert:

Zuerst pendelt der Magnet etwas und dreht sich hin und her. Mit der Zeit wird er ruhiger und bleibt schließlich still am Faden hängen.

Das steckt dahinter:

Der Magnet an der Schnur richtet sich nach einem Magneten aus, der viel, viel größer ist als er selbst. Der viel größere Magnet ist niemand Geringeres als die Erde selbst. Auch die Erde hat – wie jeder Magnet – einen Nord- und einen Südpol. Beide Pole verbindet ein Magnetfeld, das außen um die Erde herumreicht und in dem wir uns ständig bewegen. Auch wenn wir dieses Magnetfeld selbst nicht spüren, mit so einem einfachen Versuch können wir es «sehen». Dabei hilft es uns, die Himmelsrichtung zu bestimmen.

Um herauszubekommen, welches Ende deines Magneten nach Norden und welches nach Süden zeigt, brauchst du beim ersten Mal einen Kompass. An ihm kannst du ablesen, wo Norden ist, und deinen Magneten entsprechend markieren – etwa mit einem Farbklecks oder etwas Kaugummi an dem Ende, das nach Norden zeigt. Wenn du etwa anhand des Sonnenstandes erkennen kannst, wo Norden ist, kannst du deinen Magneten natürlich auch ohne Kompass richtig «einnorden».

Deshalb ist es interessant:

- Die Erde selbst ist ein riesiger Magnet. Der magnetische Nordpol liegt auf Weltkarten unten, der magnetische Südpol oben.
- Das Magnetfeld der Erde ist zwar relativ schwach, aber doch stark genug, dass sich andere Magnete danach ausrichten. Kompassnadeln sind nichts anderes als kleine Magnete, die auf einer dünnen Nadel sitzen, damit sie sich ganz leicht nach dem Erdmagnetfeld drehen können. So spart man sich etwa den langen Faden.
- Alle Land-, Stadt-, Wander- und Straßenkarten sind für gewöhnlich nach Norden ausgerichtet. Das ist praktisch. So weiß jeder schon beim Aufklappen, dass oben Norden, unten Süden, links Westen und rechts Osten ist.

Für ganz Wissbegierige:

Während wir Menschen uns leicht verirren, passiert es Tieren selten. Sie sind geradezu Meister der Navigation. Vor allem Vögel, die große Entfernungen zurücklegen. Tauben fotografieren die Landschaft regelrecht im Kopf und können sich so an Besonderheiten orientieren, wozu auch Autobahnen und Bahnstrecken gehören. Auch der amerikanische Kiefernhäher hat ein fotografisches Gedächtnis, mit dessen Hilfe er pro Jahr an die 300 000 Samen versteckt und teilweise erst nach Monaten wieder findet.

Doch die sicherste Orientierung ist die «Kompassnadel im Kopf», der Sinn von Tieren für das Erdmagnetfeld. Meeresschildkröten finden noch nach 20 Jahren Wanderschaft zielsicher den Strand wieder, an dem sie einst geboren wurden – indem sie sich am Magnetfeld der Erde orientieren. Rotkehlchen beispielsweise können das Magnetfeld möglicherweise sogar sehen, und zwar mit dem rechten Auge. Das könnte an Stoffen im Auge liegen, die auf Magnetfelder reagieren.

Während Wissenschaftler den siebten Sinn der Tiere für das Erdmagnetfeld erst entdecken, geben wir Menschen diese Art der Orientierung gerade wieder auf. Mit Hilfe von Satelliten in der Erdumlaufbahn ist ein neues Navigationssystem geschaffen worden, das so präzise ist wie nichts vorher. Das sogenannte Global Positioning System (GPS), ein «erdumspannendes Ortungssystem», ist in jedem Navigationsgerät für Autos eingebaut. Es sagt nicht nur, wo Norden ist, sondern verrät den genauen Standort auf den Meter genau, ohne dafür das Erdmagnetfeld zu benötigen. Zusammen mit etwas Rechnerei kann es so den besten Fahrtweg etwa von zu Hause zur Oma anzeigen.

Tipp:
Nähere dich deinem Fadenkompass einmal mit einem zweiten Magneten. Wie dicht musst du herangehen, damit dein Fadenkompass reagiert und sich zu dem zweiten Magneten dreht? Wickle den Magnet am Faden einmal in Aluminiumfolie ein. Was geschieht jetzt, wenn du mit einem zweiten Magneten in die Nähe kommst?

Ankunft der fliegenden Kaffeetasse

Karla saß mit gesträubten Nackenhaaren senkrecht im Bett. Auch die anderen Kinder waren wach geworden und lauschten aufmerksam den unheimlichen Geräuschen von draußen. Ein hoher Ton, der immer lauter wurde und plötzlich umschlug in einen tiefen Ton, der verebbte. Dann ging es wieder von vorn los. Luisa hielt sich die Ohren zu, während das ganze Haus bebte. Vor den Fenstern flackerten Lichter, und ein heftiger Wind ging durch die Bäume. «Geht jetzt die Welt unter?», fragte Luisa und nahm vorsichtig die Hände von den Ohren. «Das könnte man meinen», raunte Karla und schlich zum Fenster. «Da kreist irgendetwas Großes über uns», sagte Vincent. «Es kommt schnell näher und fliegt wieder weg, jetzt schon zum siebten Mal. Klassischer ‹Doppler-Effekt›!» Vincent behielt auch in den gefährlichsten Situationen einen kühlen Kopf – manchmal jedenfalls. Dann wurde es plötzlich ruhig. Zu ruhig, fanden die kleinen Forscher, streiften ihre Hosen über die Schlafanzüge und zogen die Schuhe an. Mit Taschenlampen bewaffnet, kamen sie aus der Haustür und machten sich auf die Suche nach – ja nach was eigentlich? «Wir suchen nach dem Ding, dem Dingsbums, der Sache halt», erklärte Luisa ihren Freunden und ging voran. Vorsich-

Doppler-Effekt

tig pirschten sie sich über Wiesen und durch Sträucher dorthin, wo die Lichtstrahlen herkamen, die weithin sichtbar in den Himmel ragten.

«Ich fass es nicht, ich glaub es nicht ...», sagte Vincent und ließ glatt den Mund mit den ungeputzten Zähnen offen stehen. «Xxxrch!», sagte eine Stimme freundlich. Die kleinen Forscher drehten sich um. Hinter ihnen stand ein Fernsehmoderator und hielt ihnen ein Mikrophon hin. Vor ihnen stand eine riesengroße Kaffeetasse auf einer Untertasse. Am Henkel hatte sie Scheinwerfer, und oben leuchteten Strahler in den Nachthimmel. «Nein, das darf nicht wahr sein. Nicht schon wieder!», stöhnte Vincent und ließ sich ins Gras fallen. «Tzschuimbl», sagte der Moderator, und ein zweiter Moderator stieg durch eine Tür aus der Kaffeetasse. Beide kramten in ihren Taschen und hielten Vincent nacheinander einen Kaugummi, eine Tafel Schokolade, Brausebonbons und Schaumküsse unter die Nase. So kam Vincent langsam wieder zu Bewusstsein ...

Puh, das ist ja außerirdisch. Leg erst einmal eine Pause ein und versuche zu ergründen, was es mit dem «Doppler-Effekt» der fliegenden Kaffeetasse auf sich hat.

Du brauchst:
- 1 Fahrrad
- 1 Spielkarte, etwa vom Quartett
- 1 Wäscheklammer
- 1 guten Freund oder Freundin
- etwas Platz

So fängt's an:
Klemme die Spielkarte mit der Wäscheklammer an der Vordergabel des Fahrrades fest. Die Karte soll dabei etwas in die Speichen hineinragen. Warum das? Damit sie beim Fahren ein Surren erzeugt. Wozu, das wirst du gleich sehen oder besser: hören.

So geht's weiter:
Die Spielkarte klemmt am Fahrrad, und du bittest deinen Freund oder deine Freundin, wegzufahren und dann auf dich zuzuradeln, weiter an dir vorbei und wieder von dir weg zu fahren. Das möglichst schnell. Die Spielkarte muss dabei laut surren, damit es gut zu hören ist.

Und das passiert:
Wenn das Fahrrad auf dich zukommt, klingt das Surren höher, als wenn es von dir wegfährt. Es hört sich so an, als ob das Surren in dem Moment umschlägt, in dem das Fahrrad an dir vorbeisaust. Frage deinen Freund oder deine Freundin, was er oder sie während des Fahrens auf dem Fahrrad hört: Bleibt der Ton dort die ganze Zeit gleich, oder verändert er sich?

Das steckt dahinter:
Was dir hier mit dem Fahrrad begegnet, ist der sagenhafte «Doppler-Effekt». Er heißt so, weil er nach dem Wissenschaftler Christian Johann Doppler benannt ist, der ihn erforschte.

Doppler-Effekt

Bestimmt erinnerst du dich, dass einmal ein Krankenwagen, ein Polizeiauto oder ein Feuerwehrwagen mit Blaulicht an dir vorbeigerast ist: Kommt der Wagen auf dich zu, ist seine Sirene schnell und hoch, fährt er an dir vorbei, kippt das Geräusch um und wird langsam und tief, sobald das Fahrzeug von dir wegfährt.

Das kommt daher, dass Geräusche sich durch Schall ausbreiten und dieser Schall durch die Luft übertragen wird. Das passiert nicht so schnell, wie man denkt. Wenn sich etwas bewegt und dabei Geräusche macht, wird der Schall vorn zusammengedrückt und hinten auseinandergezogen. Dadurch wird der Ton vor dem Fahrzeug etwas höher und schneller, dahinter etwas tiefer und langsamer. Das kann man gut hören – umso besser, je schneller sich etwas bewegt.

Deshalb ist es interessant:

- Bewegt sich ein Geräusch, verändert es seinen Klang. Diesen sogenannten Doppler-Effekt kann man hören.
- Bewegt sich das Geräusch – etwa eine Sirene – auf dich zu, klingt es höher. Bewegt es sich von dir weg, klingt es tiefer. Sobald das Geräusch dich erreicht hat, kippt der Klang um – von hoch zu tief.
- Bewegt man sich genauso schnell wie das Geräusch, hört man die ganze Zeit das gleiche Geräusch. Für den Fahrer des Feuerwehrautos verändert sich also der Klang der Sirene nicht.

Für ganz Wissbegierige:

Der Doppler-Effekt ist ein echter Aha-Effekt und immer wieder ein Hinhörer. Dabei gibt es ihn nicht nur bei Schall, sondern auch bei elektromagnetischen Wellen wie Licht. Mit Hilfe des Doppler-Effekts lässt sich zum Beispiel ganz einfach feststellen, ob sich im Weltraum eine Galaxie von uns wegbewegt, und wie schnell sie das tut. Ähnlich wie beim sich entfernenden Fahrrad werden auch die Lichtwellen durch die Bewegung der Galaxie in die

Länge gezogen. Wenn aber Lichtwellen ihre Länge ändern, nehmen wir eine andere Farbe wahr. In diesem Fall verändert sich die Farbe des Lichts von Weiß nach Rot. Diesen Effekt nennen Astronomen deshalb «Rotverschiebung». Kürzere Lichtwellen sehen wir übrigens auch nicht weiß, sondern violett.

Nicht nur die Astronomen greifen auf den Doppler-Effekt zurück, auch die Polizei tut das gerne. Radarfallen arbeiten mit Radarwellen, die auch elektromagnetische Wellen sind. Die Radarwellen werden auf ein Fahrzeug geschickt und von ihm zurückgeworfen. Je schneller das Fahrzeug fährt, desto stärker verändern sich auch die an ihm reflektierten Radarwellen. Aus dem Unterschied zwischen den ausgesendeten und den reflektierten Radarwellen lässt sich die Geschwindigkeit des Autos ziemlich einfach berechnen.

Mit Schallwellen wäre das übrigens auch möglich. Aber sie müssten so laut sein, dass es die Autofahrer fürchterlich erschrecken würde, wenn sie in das Visier der Polizei kämen.

Tipp:
Hast du noch eine Spieluhr von früher, die dir beim Einschlafen geholfen hat? Dann zieh sie auf und halte sie an einem ausgestreckten Arm fest. Wenn du den Arm mit der Spieluhr dran kreisen lässt, kannst du hören, dass ihre Töne «eiern». Sie sind leicht verzerrt, klingen irgendwie schief, und zwar um so stärker, je schneller du den Arm bewegst. Auch hier ist der sagenhafte Doppler-Effekt im Spiel. Wenn die Spieluhr kreist, bewegt sie sich abwechselnd auf dich zu und von dir weg. Das verändert den Ton, was du deutlich hören kannst.

Mit Haferschleim ins Weltall

Nach und nach merkten die kleinen Forscher, dass es sich bei den insgesamt neun Insassen der Kaffeetasse gar nicht um Fernseh-Moderatoren handelte, sondern um Außerirdische vom Planeten Teflon, der weit draußen, in den Tiefen des Nachthimmels, seine Bahnen zog. «Auf diese Reise haben wir uns hundert Jahre lang vorbereitet», versicherten die Teflonesen glaubhaft, nachdem sie endlich ihr fürchterliches «Xxxrch» und «Tzschuimbl» sein ließen. Sie hatten das irdische Fernsehprogramm studiert und festgestellt, dass Fernseh-Moderatoren offensichtlich am besten bei den Menschen ankommen. «Aber doch nicht neun Stück auf einmal», sagte Karla. «Damit habt ihr vor allem Vincent einen Riesenschrecken eingejagt», tadelte Luisa und dachte an den verrückten Fernseh-Moderator. «Aber immer noch besser als irgendwelche grünen Antennen oder rosa Wurstfinger», sagte Vincent. «In Wirklichkeit sind wir aus Schaumstoff, nur so groß wie eure Kaninchen, außen lila mit grünen Punkten und ernähren uns von Wackelpudding», erläuterte der erste Teflonese, der irgendwie der Chef sein musste. «Aber für euch haben wir extra eine besondere Gestalt angenommen, wie ihr seht.»

Eigentlich waren die Teflonesen ganz nett, fanden die kleinen Forscher. Auch wenn sie als Fernseh-Moderatoren auftraten. Süßigkeiten konnten sie täuschend echt nachmachen, und ihre Schokolade war richtig lecker. «Mit unserem Transformator können wir so viel davon herstellen, wie ihr wollt!», versprachen die Teflonesen. Angeben konnten sie nämlich auch.

Den ganzen Tag lang lief der Transformator heiß und spuckte Schokolade, Schaumküsse und Kaugummi aus. «Manno-mannomannomann!» Karla fasste sich an den Kopf, bevor sie wieder einen Arm voll Kaugummi in den Keller transportierte. Mit diesen Vorräten würden sie die nächsten 78 Jahre auskommen, hatte Luisa schon berechnet. Da trat der erste Teflonese auf sie zu. «Sag mal, habt ihr Haferschleim?» «Haferschleim?», echote Karla. Doch sie hatte richtig gehört. Die Außerirdischen benötigten Haferschleim als Treibstoff für ihr Raumschiff, die fliegende Kaffeetasse. «Das sollte kein Problem sein», erwiderte Luisa, die gerade mit zig Kartons Schaumküssen vorbeikam. «Die Haferflocken haben wir gerade nach oben geräumt, weil wir ja im Keller Platz brauchen.» Ruck, zuck standen vier große Töpfe auf

Luftdruck 181

dem Herd, in denen Vincent Haferschleim anrührte. Karla füllte ihn in Flaschen ab, und Luisa setzte Luftballons als eine Art Griff obendrauf, damit die Außerirdischen die heißen Flaschen tragen konnten, ohne sich ihre empfindlichen Finger zu verbrennen.

Hast du richtig gehört? Luftballons auf Flaschen? Lass uns hier mal die Geschichte unterbrechen und ausprobieren, was dahintersteckt.

Du brauchst:

- 1 Saftflasche mit möglichst großer Öffnung oder Marmeladenglas
- 1 aufgepusteten (und zugeknoteten) Luftballon
- heißes Wasser
- 1 Erwachsenen, der dir beim heißen Wasser hilft

So fängt's an:

Fülle etwas heißes Wasser in die Flasche. Das kann Heißwasser aus dem Wasserhahn sein oder vom Wasserkocher. Egal, was du nimmst, lass es dir von dem Erwachsenen in die Flasche füllen. Dann soll er den Deckel draufschrauben, kurz schütteln und das heiße Wasser wieder ausschütten. Anschließend stellt er die Flasche schnell vor dich hin.

So geht's weiter:

Du drückst sachte den aufgepusteten Luftballon oben auf die offene Flasche, als ob du sie mit dem Luftballon verschließen wolltest. Warte

182   Luftdruck

so ein paar Minuten und gib acht, dass der Luftballon die Flasche auch überall abdichtet.

Am besten drückst du übrigens den Kopf des Luftballons auf die Flasche, sodass die Tülle nach oben zeigt.

Und das passiert:
Du kannst zusehen, wie der Luftballon langsam immer weiter in die Flasche hineinragt. Wenn die Flasche kalt ist, sitzt der Luftballon fest auf der Flasche. Jetzt kannst du den Luftballon vorsichtig an der Tülle anfassen und hochheben. Die Flasche bleibt dabei am Luftballon kleben!

Das steckt dahinter:
Wenn die heiße Luft in der Flasche abkühlt, braucht sie weniger Platz, und der Luftballon wird in die Flasche gedrückt. Er füllt dann sozusagen den Platz aus, den die kalte Luft in der Flasche nicht mehr benötigt.

Deshalb ist es interessant:
- Beim Erwärmen dehnen sich Dinge aus, beim Erkalten ziehen sie sich zusammen. Das gilt für feste, flüssige und gasförmige Stoffe (nur Wasser verhält sich anders, wenn es unter 4° C abkühlt, siehe S. 160)
- Ist die Flasche voll heißer Luft, wird etwas Platz frei, wenn diese Luft innen drin abkühlt. Diesen Platz will die Luft außen ausfüllen und drückt deshalb den Luftballon in die Flasche.
- Der äußere Luftdruck schwankt, je nach Wetter. Ziehen «Hochdruckgebiete» (mit höherem Luftdruck) über uns hinweg, bringen sie gutes Wetter mit, «Tiefdruckgebiete» (mit niedrigerem Luftdruck) bescheren uns hingegen meist schlechtes Wetter und Regen. Der Luftballon wird mal etwas mehr, mal etwas weniger

Luftdruck

stark in die Flasche gedrückt, was man bei genauem Beobachten über mehrere Tage feststellen kann.

Für ganz Wissbegierige:

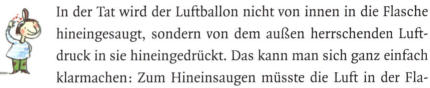

In der Tat wird der Luftballon nicht von innen in die Flasche hineingesaugt, sondern von dem außen herrschenden Luftdruck in sie hineingedrückt. Das kann man sich ganz einfach klarmachen: Zum Hineinsaugen müsste die Luft in der Flasche den Luftballon irgendwo festhalten können, um ihn hineinzuziehen. Der Luftballon hat aber keine Griffe. Hineindrücken geht jedoch auch ohne Griffe.

Dieses Experiment funktioniert nur deshalb, weil es einen Druckunterschied zwischen dem Luftdruck in der Flasche und dem Luftdruck außerhalb der Flasche gibt. Während der Luftdruck um die Flasche herum gleich bleibt, sinkt der Luftdruck in der Flasche beim Abkühlen, und der Luftballon wird von außen in die Flasche hineingedrückt. Weil seine Haut aus Gummi ist, sitzt er dicht auf der Flaschenöffnung. Und er sitzt so fest auf der Flasche, dass man an dem Luftballon die schwere Glasflasche hochheben kann. Dieses Experiment zeigt, dass es schon einfache Experimente ganz schön in sich haben können!

Tipp:

Versuche einmal, das heiße Wasser in der Flasche zu lassen. Hält der Luftballon auch die schwerere Flasche mit Wasser fest?

Ein Sonnenuntergang für die Außerirdischen

«Haferschleim als Treibstoff – eine wunderbare Verwendung für das Zeug. Die Idee könnte von mir sein», dachte Luisa und lächelte still. «Habt ihr nicht auch Raumschiffe, die mit Spinat fliegen oder mit Rote Beete?», fragte sie einen Teflonesen. Der zuckte nur mit den Schultern. «Tut mir leid, so weit sind wir noch nicht. Aber derzeit entwickeln wir einen Pommes-Antrieb. Mit dem können wir ja mal vorbeikommen.» «Nee, nicht nötig», wehrte Luisa sofort ab.

Im Haus der kleinen Forscher herrschte reges Treiben. Den ganzen Tag lang kochten auf dem Herd vier Töpfe Haferschleim, und Vincent war ständig am Umrühren. Denn die Außerirdischen hatten eigentlich nur eine Notlandung gemacht, weil ihnen auf der Fahrt in die nächste Galaxie der Haferschleim ausgegangen war. «Damit kommen wir bis zum Krebsnebel und wieder zurück nach Hause», versicherten sie und schleppten hochzufrieden eine Flasche nach der anderen mit Haferschleim ins Raumschiff, um sie dort in den Tank zu füllen.

Abendrot

Keine einfache Angelegenheit, wie die kleinen Forscher merkten. Die eleganten Moderatoren-Anzüge waren bekleckert, und auf den schicken Sonnenbrillen klebten Haferschleim-Spritzer. «Ich kann keinen Haferschleim mehr sehen, geschweige denn rühren!», stöhnte Vincent am späten Nachmittag. «Hoffentlich starten sie bald.» «Weit gefehlt», rief Karla dazwischen, «jetzt bitten sie um Wackelpudding, weil sie seit zehn Monaten nichts mehr gegessen haben. Teflonesen essen nämlich nur sehr selten, aber dann reichlich.» Schnell wuschen sie die Töpfe aus und setzten Wasser auf. Luisa hielt schon das Götterspeisepulver bereit, während Karla die Fische vom Aquarium kurzzeitig in einem Eimer unterbrachte. Das Aquarium wurde gründlich ausgewaschen, dann kam eine Riesenladung grüne Götterspeise hinein. Später noch gelbe obendrauf und ganz oben rote. «Wackelpudding à la Ampel», freute sich Luisa und leckte sich die Lippen. Die Teflonesen waren begeistert. Jeder stellte einen Fuß, der in Wirklichkeit ein Rüssel war, in den Wackelpudding, und gemeinsam saugten sie das Aquarium in Windeseile leer.

Darüber war es schließlich Abend geworden. Die kleinen Forscher lehnten erschöpft, aber glücklich, an der fliegenden Kaffeetasse, die Teflonesen saßen obendrauf, und gemeinsam schauten sie verzückt in die untergehende Sonne. «Warum ist euer Himmel jetzt so rot?» fragte einer der Außerirdischen. «Gute Frage, ich zeig's euch», sagte Luisa. Und gemeinsam ergründeten sie das Geheimnis des Abendrots.

Möchtest du es auch lüften? Dann zaubere dir dein persönliches Abendrot nach Hause. Viel Spaß!

Du brauchst:
- 1 Trinkglas mit Wasser
- 1 Taschenlampe
- ganz wenig Milch
- 1 dunklen Raum

So fängt's an:
Schalte die Taschenlampe ein, gehe mit dem Wasserglas in einen dunklen Raum und stelle es dort auf den Boden. Leuchte mit der Taschenlampe von der Seite durch das Wasserglas. Schaue so durch das Wasserglas, dass du direkt in die Taschenlampe guckst. Das Licht scheint weiß durch das Wasser.

Wasser

So geht's weiter:
Gib einen kleinen Schluck Milch ins Wasser. Aber wirklich nur ganz wenig. Rühre etwas um, damit die Milchwolke sich gleichmäßig im Wasser verteilt. Leuchte wieder durch das milchig-trübe Wasser. Und schaue wieder in die Taschenlampe, die durch das Glas leuchtet.

mit einem Schluck Milch

Und das passiert:
Jetzt scheint die Taschenlampe deutlich sichtbar rot durch das Glas. Es ist fast die gleiche Farbe wie bei der untergehenden Sonne. Du hast einen Sonnenuntergang im Wasserglas gezaubert.

Das steckt dahinter:

Das weiße Licht der Taschenlampe besteht aus allen Farben, die es gibt: Rot, Gelb, Grün, Blau, Violett und den Farben dazwischen. Das Milchwasser lässt vor allem die Farbe Rot durchscheinen und hält die anderen Farben zurück. So scheint weißes Licht hinein und rötliches hinaus. Das siehst du, wenn du durch das Glas in die Taschenlampe schaust. Schaust du auf der gegenüberliegenden Seite, wie das Licht in das Glas scheint, so ist es noch weiß. Also wird das Licht im Glas verändert.

Deshalb ist es interessant:

- Die Farben des Lichts unterscheiden sich von den Farben von Filzstiften oder in einem Malkasten. Alle Lichtfarben zusammen ergeben weißes Licht. Alle Malfarben zusammen ergeben dagegen eher Dunkelbraun bis Schwarz.
- Die Milch im Wasser wirkt wie ein Filter, der rotes Licht durchlässt und die anderen Farben schluckt. Deswegen scheint die Taschenlampe rötlich, wenn ihr Licht wieder aus dem Glas herauskommt.
- Ganz ähnlich ist es beim Sonnenauf- und -untergang, wenn die Sonne dicht am Horizont steht. Die Luftschicht der Erde lässt nämlich vor allem das rote Licht der Sonne durch.

Für ganz Wissbegierige:
Das abendliche Rot der Sonne sieht – genauso wie das Morgenrot – nicht nur wunderschön aus, es ist auch eine typisch irdische Erscheinung. Der Grund für die satte Rotfärbung der Sonne ist nämlich die Erdatmosphäre. Steht die Sonne sehr niedrig und damit nahe am Horizont, scheint das Sonnenlicht länger durch die Erdatmosphäre, als wenn die Sonne oben am Himmel steht. So kann die Erdatmosphäre ihren ganzen Einfluss geltend machen: Das Sonnenlicht wird an den Luftmolekülen gestreut, also von seiner Richtung abgelenkt. Allerdings wird das Licht nicht gleichmäßig gestreut.

Die blauen und grünen Farbanteile im Sonnenlicht werden stärker gestreut als die gelben und roten. So kommt es, dass wir morgens und abends nicht das ganze Sonnenlicht genießen, sondern nur von einem Teil davon erreicht werden. Das sieht zauberhaft aus und ist ein faszinierendes Naturphänomen.

Dasselbe gilt übrigens für den Mond. Steht er sehr tief, über dem Horizont, leuchtet er nicht weiß, sondern schimmert rötlich durch die Nacht.

Und ist ein Regenbogen am Himmel zu sehen, stecken dahinter unzählige Regentröpfchen, die das Sonnenlicht in alle seine Farben zerlegen.

Tipp:
Du kannst diesen Versuch einmal mit mehreren Trinkgläsern machen, in die du unterschiedlich viel Milch gibst. Wie verändert sich dabei das Licht der Taschenlampe?

Bittere Medizin

Nur wer einmal krank war, weiß, wie toll es ist, gesund zu sein. Das erfuhr Vincent am eigenen Leib. Er hatte sich draußen mit den anderen eine irre Schneeballschlacht geliefert – allerdings ohne Schal. «Ich komme auch ohne aus», hatte er behauptet. Jetzt lag er im Bett, bellte wie ein Bernhardiner und litt unter eindrucksvoll hohem Fieber. Dass Leichtsinn so hart bestraft wird, fanden die kleinen Forscher ungerecht. Entsprechend groß war das Mitleid mit Vincent.

Nach drei Tagen lag Vincent immer noch im Bett und – das fanden alle am schlimmsten – war ungenießbar. «Freunde, wir müssen etwas unternehmen», sagte Luisa, «in diesem Zustand können wir Vincent unmöglich länger so liegen lassen.» Alle nickten stumm. Offensichtlich wurde es von allein nicht besser, also musste nachgeholfen werden. «Wir brauchen eine Medizin», stellte Karla für alle fest und fragte in die Runde: «Wo ist unsere Hausapotheke? Und wer eignet sich als Medizinmann oder Medizinfrau?» Bei der ersten Frage stürmten ein paar in den Keller, auf die zweite Frage hin meldete sich niemand.

«Als Erstes sollten wir ihm ein Zäpfchen geben, um das Fieber zu senken», riet Luisa. «Zäpfchen sind alle», meldete sich eine Stimme, «wir haben nur noch fiebersenkende Tropfen.» Luisa griff nach der Flasche, die ihr gereicht wurde. «Na, und wie sollen wir die Tropfen abmessen? Es liegt keine Pipette bei.» Da meldete sich Vincent vom Krankenlager

190   Pipette

leise, aber bestimmt: «Dann nehmt ihr eben einen Trinkhalm. Das ist die einfachste Pipette der Welt. Hauptsache, ihr rettet mir jetzt das Leben, ihr Trantüten.» Das war die Idee. Luisa zählte zehn Tropfen ab. Das war die Dosis für Kinder aus der Verpackungsbeilage. Und Karla steckte Vincent den Löffel in den Mund. Er schüttelte sich, schluckte aber brav seine Medizin.

Zwei Tage später ging es Vincent wieder blendend. «Ihr habt mich gründlich kuriert», bedankte er sich. «Und hier ist dein Schal», konnte sich Karla nicht verkneifen.

Du hast keine Lust auf Medizin? Na, dann miss einfach Wasser- oder Safttropfen mit der Pipette ab.

Du brauchst:
- 1 Trinkhalm
- 1 volles Glas Wasser

So fängt's an:
Du tauchst den Trinkhalm in das Wasserglas.

So geht's weiter:
Jetzt hältst du den Trinkhalm oben mit einem Finger zu und hebst den zugehaltenen Trinkhalm aus dem Wasser. Sollte der Trinkhalm etwas zu lang sein, kürze ihn einfach ein Stück mit der Schere.

Und das passiert:
Wenn du den Trinkhalm aus dem Wasser ziehst und dabei die obere Öffnung mit dem Finger verschlossen hältst, fallen höchstens ein, zwei Tropfen unten aus dem Trinkhalm, das restliche Wasser bleibt im Trinkhalm. Erst wenn du den Finger kurz ein klein wenig anhebst, kommt unten aus dem Trinkhalm etwas Wasser heraus. Wenn du

ganz geschickt bist, kannst du das Wasser ziemlich genau dosieren und einen Wassertropfen nach dem anderen aus dem Trinkhalm purzeln lassen. Das geht am besten, wenn du den Trinkhalm dabei fast waagerecht hältst.

Das steckt dahinter:

Wie im Experiment «Ein zünftiger Wettstreit» auf Seite 89 gesehen, kann aus einem Behälter nur etwas (Wasser) herauskommen, wenn gleichzeitig etwas (Luft) hineinkommt. Unten kann keine Luft in den Trinkhalm hinein, weil der Trinkhalm ziemlich dünn ist und das Wasser darin ihr den Weg versperrt. Erst wenn der Trinkhalm oben geöffnet wird, kann dort Luft hinein und unten Wasser heraus. Das lässt sich prima dosieren, denn wenn oben nur ganz wenig Luft ganz langsam eindringt, kommt unten nur ganz wenig Wasser ganz langsam heraus. So lassen sich einzelne Tropfen abmessen.

Deshalb ist es interessant:

- Mit einer Pipette lassen sich prima kleine Mengen an Flüssigkeiten dosieren – und dies sogar tropfenweise.
- Eine Pipette heißt auch «Heber», weil mit ihrem Röhrchen eine kleine Menge Flüssigkeit aus einer großen Menge herausgehoben werden kann.
- Pipetten werden im Labor gebraucht, wo oft mit kleinen Mengen von Flüssigkeiten gearbeitet wird. Aber auch Augen-, Nasen- oder Ohrentropfen werden mit Pipetten verabreicht. Das sind dann kurze Glasröhrchen mit einem Gummigriff. Mit dem Gummigriff kann durch Drücken und Loslassen Flüssigkeit in das Röhrchen hineingesaugt und durch vorsichtiges Drücken wieder herausgeträufelt werden.

Für ganz Wissbegierige:

So einfach die Pipette im Grunde genommen funktioniert, so wichtig ist sie im Labor. Sie ist das Universalinstrument, um Flüssigkeiten aus Bechergläsern, Erlenmeyerkolben oder Reagenzgläsern herauszu«heben» und anderswo einzufüllen. Mit der Pipette können Flüssigkeiten tropfengenau zugegeben werden, und für Generationen von Laboranten war die typische Handbewegung die Faust mit dem geknickten Daumen, der das Glasrohr – die Pipette eben – verschloss.

Heute gibt es Pipettierautomaten, die Lösungen in Dutzende von Reagenzgläsern gleichzeitig einfüllen. Moderne Pipetten können außerdem Flüssigkeiten auf den millionstel (!) Liter genau aufnehmen und abgeben. Viele wissenschaftliche Erkenntnisse, etwa in der Genetik, wo mit winzigsten Mengen gearbeitet wird, sind so erst möglich geworden.

Die Pipette ist übrigens ein so universelles Instrument, dass sie sogar in den Computer Eingang gefunden hat. Bei Graphikprogrammen etwa gibt es das Pipettensymbol, mit dem bei Bildern Farbwerte genommen werden. Dazu wird die Spitze der gezeichneten Pipette auf das gewünschte Farbfeld gefahren und per Mausklick eine Probe entnommen. Mit dieser können dann beispielsweise andere Bereiche des Bildes im selben Farbton eingefärbt werden.

Tipp:

Eine einfache Pipette kannst du dir übrigens aus einer leeren Tintenpatrone bauen. Durch Zusammendrücken, Eintauchen und Loslassen nimmt sie Flüssigkeit auf. Durch vorsichtiges Drücken kommen einzelne Tropfen davon wieder aus ihr heraus.

Überlege einmal, was noch als Pipette dienen könnte: ein Trinkhalm, eine hohle Makkaroni-Nudel, das Glasröhrchen der Nasentropfen …

Silvesterparty mit viel Wirbel

Die kleinen Forscher warfen mit Luftschlangen und stießen an mit Gänsewein. Im ganzen Haus war Trubel. Schließlich ist Silvester nur einmal im Jahr! Sogar Katze Berleburg hatte ein lustiges Hütchen auf.

«Liebe Freunde und Freundinnen, Mitforscher und Mitforscherinnen», erhob Vincent das Wort, und alle dachten, er würde nun eine seiner langwierigen Ansprachen halten. Doch er sagte nur: «Uns fehlt das Feuerwerk.» Daran hatte in der Tat niemand gedacht. Betretenes Schweigen machte sich breit, sogar Berleburg klemmte den Schwanz ein.

Luisa rannte plötzlich los, ins Labor, und kam mit einem Arm voll Luftballons und Trinkhalmen zurück. Um ihre kühne Denkerstirn hatte sie sich ganz viel Schnur geschlungen, sodass sie kaum noch sehen konnte, wohin sie lief. «Was ist denn das?», fragte Karla. «Wir müssen uns doch was einfallen lassen», meinte Luisa, «schließlich haben wir so viele Leser, da dürfen wir uns nicht blamieren!» Und schon verteilte

sie Luftballons, Trinkhalme und Schnüre. Bald waren alle am Stecken, Festbinden und Pusten. «Ein Feuerwerk ohne Feuer», stellte Vincent fest und blickte erfreut in die Runde. Dann gingen die kleinen Forscher mit ihren Luftballons nach draußen und begrüßten das neue Jahr mit viel Wirbel.

Möchtest du wissen, was sich die kleinen Forscher ausgedacht haben? Dann lies die folgende Anleitung:

Du brauchst:
- 1 Luftballon
- 1 Knick-Trinkhalm
- 1 Stück Schnur

So fängt's an:
Stecke einen Knick-Trinkhalm mit dem langen Ende in die Luftballon-Tülle. Das kurze Ende knickst du zur Seite.

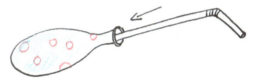

So geht's weiter:
Mache mit der Schnur einen Knoten um die Tülle. Der Knoten hält den Trinkhalm fest und dichtet gleichzeitig ab, damit die Luft nur durch den Trinkhalm in den Luftballon hinein- und auch wieder hinauskann. Jetzt pustest du den Ballon durch den Trinkhalm auf und wirfst ihn in die Luft.

Und das passiert:

Der Luftballon dreht sich um sich selbst, und das ziemlich fix.

Das steckt dahinter:

Die Luft strömt aus dem Luftballon durch den Trinkhalm aus. Weil sie nicht gerade ausströmt, sondern durch einen Knick, bekommt der Luftballon einen Stups, durch den er sich um sich selbst dreht wie ein Rad.

Deshalb ist es interessant:

- Die ausströmende Luft gibt dem Luftballon ständig einen sogenannten Rückstoß. Deshalb bewegt er sich, sobald Luft aus ihm strömt.
- Da Luft ziemlich leicht ist, ist der Rückstoß ziemlich gering. Weil der Luftballon aber ebenfalls leicht ist, genügt der sanfte Rückstoß der Luft, um ihn in Bewegung zu setzen.
- Ein «normaler» Luftballon wird von der ausströmenden Luft einfach vorwärts durch die Luft gedrückt. Durch den abgeknickten Trinkhalm wird er aber in eine Drehbewegung versetzt.

Für ganz Wissbegierige:

Das «Rückstoß-Prinzip» ist universell. Wenn man im Ruderboot sitzt und paddelt, bewegt man sich mit Hilfe des Rückstoßes übers Wasser. Beim Schwimmen erzeugt man mit Armen und Beinen einen Rückstoß, der einen durchs Wasser treibt.

Auch Schiffe erzeugen mit ihrer Schraube Rückstoß, der sie vorwärtsdrückt. Düsenflugzeuge heben dank Rückstoß vom Boden ab genauso wie Raketen, die es damit sogar bis in den Weltraum schaffen. Dort, im All, werden Satelliten mittels Rückstoß auf Umlaufbahnen um die Erde gebracht und Raumsonden präzise durchs Universum gesteuert.

Tipp:
Gemeinsam mit vielen anderen Kindern macht das Experiment mehr Spaß! Da könnt ihr auch ausprobieren, was passiert, wenn der Trinkhalm geradegebogen ist.

Stichwortverzeichnis

A

Abendrot 185 ff.
Abpausen 46
Agentenfunk 34
Aluminiumfolie 66
Anomalie 160
Anzeigestoff 72
Atemluft 73
Atmen 73, 82
Atmung 80 ff.
Aufladen 109
Auflösen 72
Ausdehnen 67
Ausleeren 89 ff.
Autounfall 78

B

Bäume 165
Barthlott, Wilhelm 120
Base 24
Bauchatmung 82
Beschleunigung 37
Bienenwaben 43
Billard 78
Bimetall 64 ff.
Bionik 43, 151
Blätter 121
Blasinstrumente 105
Blindenschrift 19
Blitze 110
Braille 19
Brown'sche Bewegung 73
Brücken 156

C

chemische Reaktion 24
Crispometer 116

D

Diffusion 73
Doppler-Effekt 175
Dosieren 192
Drucken 44 ff.
Druckverfahren 46

E

Eiform 128 ff.
elastischer Stoß 78
elektromagnetische Wellen 178
Elektrostatik 107 ff.
Erdanziehung 37
Erdatmosphäre 188
Erdmagnetfeld 173
erhöhte Temperatur 136
Erkalten 183
Erosion 161
Erwärmen 183
ESDA-Verfahren 20
Essigsäure 24
Evakuieren 92

F

Fachwerkhäuser 156
Fahrradventil 100

Brüten 131
Brustatmung 82

Falten   39 ff.
Farben   188
Fasern   164, 169
fest   141
Fett   33
feucht   168
Fieber   136
Filter   188
Filterpapier   57
Flachdruck   47
Fliege   134
Fluchtgeschwindigkeit   37
flüssig   141
Flüssigkeiten   87, 100, 192
Flugzeug   105
Food Acoustic Design   115
Forscherdiplom   206
Frieren   135
Frösche   131
Frostschäden   161
Frostsprengung   158 ff.
Funken   110

G
Gase   87, 100
Gefälle   126
Gefrieren   160
geladen   110
Gewitter   110
Global Positioning System
(GPS)   174

H
Heber   192
Heißluftballon   54 ff.
Himmelsrichtung   172
Hochdruck   46

Hochdruckgebiet   183
Holz   165
Honiglöffel   151
Hühnerei   129
Hydrodynamisches Paradoxon   105
Hygrometer   166 ff.

I
Impuls   75 ff.
Impulserhaltung   77
in Lösung gehen   72
Indikator   72

K
Kalk   24
Kaltblüter   133 ff.
Kapillaren   165
Kapillarkräfte   162 ff.
Kapuzinerkresse   120
Karies   25
Kariesbakterien   25
Katapult   35 ff.
Kaviar   131
Kehlkopf   114
Kiefernzapfen   167
Klang   115
Klimawandel   161
Knicke   41
Knoten   100
Körperschall   112 ff.
Körpertemperatur   134
Kohlendioxid   83
Kompassnadel im Kopf   173
Kondensstreifen   73
Konzentration   72
Kopierer   110
kosmische Geschwindigkeit   38

Stichwortverzeichnis   199

Kriminalistik 17 ff.
Kriminalpolizei 20
Kryptographie 30 ff.
künstlicher Lotos-Effekt 149 ff.
Kugel 130
Kugellager 26 ff.

L

Lackmuspapier 24
Ladung 110
Laserdrucker 110
Laterne 40
Lauge 24
leer 82, 91, 95
Leere 91
Leitwerk 38
Licht 178, 188
Lösung 69 ff.
Lotosblume 120
Lotos-Effekt 117 ff., 150
Luft 57, 82, 87, 95, 114, 192
Luftdruck 37, 180 ff.
Luftfeuchtigkeit 168
Luftfeuchtigkeitsmessgerät 168
luftleerer Raum 37
Luftröhrenklappe 101
Luftströmung 102 ff.
Lufttemperatur 58
Luftwiderstand 37
Lunge 83
Lungenbläschen 83

M

Magnetfeld 172
Magnetkompass 170 ff.
Magnetpol 172
Maisstärke 139

Mikroben 25
Morgenrot 188
Muffe 126

N

Navigation 173
Navigationssystem 174
negativ geladen 109
Negativ 33
Newton'sches Kugelpendel 78
Nichts 91
Norden 172
Nordpol 172

O

Oberfläche 83
Ohr 114
oval 130

P

Papier 66, 164
Pappkarton 156
paradox 105, 140
Pingpong-Prinzip 91
Pipette 190 ff.
Pipettensymbol 193
positiv geladen 109
Positiv 33
Prägen 19

R

Radarfalle 179
Räder 61
Raupenfahrzeug 62
Regenbogen 189
Reiben 109
Reibung 27, 62

Reliefstruktur 46
Rohrleitung 50, 122 ff.
Rohrpost 127
Rollen 62
Rotverschiebung 178
Rückschlagventil 99
Rückstoß 194 ff.
rund 130
Ruß 150

S
Säugetiere 136
Säure 24
Säurewirkung 22 ff.
Samen 168
Sand 145
Sandball 142 ff.
Sandstrahlen 147
Sauerstoff 82
Saugheber 48 ff.
Saugpapier 163
Schale 130
Schall 114, 178
Schallwellen 114
Schlauch 126
Schrauben 127
Schrumpfen 160
Schuppe 167
Schwerelosigkeit 37
Schwingungen 104, 114
Schwitzen 136
Schwung 37, 77
Sogwirkung 84 ff., 105
Sonnenaufgang 187
Sonnenuntergang 187
SOS 103
Spurensicherung 20

Stabilität 156
Stabmagnet 171
Stärkebrei 137 ff.
Statik 153 ff.
Steckverbindung 126
Steganographie 33
Steinzeit 62
Stempel 46
Stimmbänder 114
Stimme 114
Stoff 95
stone washed 147
Stoß 77
Strömung 87, 99
Süden 172
Südpol 172
Suspension 142

T
Taucherglocke 93 ff.
Tauchkasten 96
Teebeutel 56
Temperatur 68
Thermometer 67
Thermostat 68
Tiefdruck 47
Tiefdruckgebiet 183
Tintenpatrone 193
Ton 105, 177
Toner 111
Treibstoff 38
Trinkhalm-Rakete 36
trocken 168
Tropfen 192
Tulpenblatt 119

U

unelastischer Stoß 78
Unterdruck 52

V

Vakuum 92
Vakuumpumpe 92
Ventil 97 ff.
Verbindung 127
Vibrieren 104
Vögel 130, 136
voll 95

W

Wabenmuster 42
Wachs 32
Walzen 61

Walzenlager 59 ff.
Warmblüter 133 ff.
Wasser 87, 95, 146, 159, 192
Wasserdampf 168
Wasserfarbe 32
wechselwarme Tiere 136
Weltraum 92
Widerspruch 105
Wind 57
Wölbstruktur 42

Z

Zähneputzen 25
Zahnbelag 25
Zahnfäule 25
Zeiger 168
Zwerchfell 82

Über Autor und Illustratorin

Der gelernte Ingenieur Joachim Hecker (www.joachim-hecker.de), geboren 1964 in Mainz, arbeitet als Redakteur und Reporter in der Wissenschaftsredaktion des WDR-Hörfunks in Köln. Wenn eine Weltraummission startet, die Nobelpreisträger bekannt gegeben werden oder schlicht die Blätter von den Bäumen fallen, geht er ins Studio und erklärt den Menschen, was da warum vor sich geht.

© Marco Siekmann

Seit über sechs Jahren vermittelt er in seiner erfolgreichen Sendereihe «Heckers Hexenküche – Experimente im Radio für Kinder» unterhaltsam und leicht verständlich naturwissenschaftliches Wissen. Nach dem «KinderBrockhaus. Experimente» und dem «KinderBrockhaus. Noch mehr Experimente» ist dies sein drittes Buch, mit dem er Interesse und Spaß an Naturwissenschaft schon so früh wie möglich wecken will.

Joachim Hecker ist verheiratet und hat eine Tochter.

© privat

Sybille Hein (www.sybillehein.de), 1970 in Wolfenbüttel geboren, studierte Illustration an der Hamburger Fachhochschule für Gestaltung. Sie ist eine der gefragtesten und meistbeschäftigten Illustratorinnen in Deutschland. Ihre phantasievollen Zeichnungen bevölkern zahlreiche Bücher und Cover, darunter die der Kinder-Edition der «Zeit». Am liebsten sind ihr aber die eigenen Bilderbücher «Rütti Berg, die Bäuerin, wär so gerne Königin» (Bajazzo, 2005) und «Wenn Riesen niesen» (Carlsen, 2006). Für ihr Werk erhielt sie mehrere Auszeichnungen, darunter den Österreichischen Kinder- und Jugendbuchpreis 2006. Wenn Sybille Hein gerade nicht zeichnet, entwirft sie Kinderkleidung, arbeitet mit einem Jazzpianisten an einem Kinder-Musical, tourt mit ihrem Psycho-Pop-Kabarett «Sybille und der kleine Wahnsinnige» durchs Land oder vergnügt sich mit Söhnchen Mika und Freund Jochen.

Belohnung für kleine Forscher

Hallo, wenn du hier angekommen bist, hast du das Buch bestimmt ganz durchgelesen und kennst alle Experimente. Herzlichen Glückwunsch, auch von Karla, Luisa, Vincent und den anderen kleinen Forschern! Eigentlich bist du jetzt würdig, sofort zu ihnen ins Haus zu ziehen, um mit ihnen zu forschen und Abenteuer zu erleben. Weil das aber nicht ganz so einfach ist, bekommst du erst einmal ein richtiges «Forscherdiplom». Das kannst du dir sogar selbst ausdrucken. Dafür musst du dir einen Computer mit Internetanschluss suchen und dann auf die Webseite *www.rowohlt.de/forscherdiplom* gehen. Von dort druckst du dir die Urkunde aus, schreibst deinen Namen darauf – und fertig ist dein Forscherdiplom. Viel Vergnügen damit und: Forsche fröhlich weiter!